CONSTRUINDO BASES SÓLIDAS
UM GUIA PARA A NUMERACIA E ALFABETIZAÇÃO MATEMÁTICA

Editora Appris Ltda.
1.ª Edição - Copyright© 2023 da autora
Direitos de Edição Reservados à Editora Appris Ltda.

Nenhuma parte desta obra poderá ser utilizada indevidamente, sem estar de acordo com a Lei nº 9.610/98. Se incorreções forem encontradas, serão de exclusiva responsabilidade de seus organizadores. Foi realizado o Depósito Legal na Fundação Biblioteca Nacional, de acordo com as Leis nos 10.994, de 14/12/2004, e 12.192, de 14/01/2010.

Catalogação na Fonte
Elaborado por: Josefina A. S. Guedes
Bibliotecária CRB 9/870

L732c
2023
	Lima, Eliane Peixoto de
	    Construindo bases sólidas : um guia para a numeracia e alfabetização matemática / Eliane Peixoto de Lima. – 1 ed. – Curitiba : Appris, 2023.
	    116 p. ; 21 cm. – (Ciências sociais).
	
	    Inclui referências.
	    ISBN 978-65-250-5370-7
	
	    1. Matemática – Estudo e ensino. 2. Alfabetização matemática. 3. Matemática – Educação Infantil. I. Título. II. Série.
	
	                    CDD – 363.11

Livro de acordo com a normalização técnica da ABNT

Appris
editora

Editora e Livraria Appris Ltda.
Av. Manoel Ribas, 2265 – Mercês
Curitiba/PR – CEP: 80810-002
Tel. (41) 3156 - 4731
www.editoraappris.com.br

Printed in Brazil
Impresso no Brasil

Eliane Peixoto de Lima

CONSTRUINDO BASES SÓLIDAS
UM GUIA PARA A NUMERACIA E ALFABETIZAÇÃO MATEMÁTICA

FICHA TÉCNICA

EDITORIAL	Augusto Coelho
	Sara C. de Andrade Coelho
COMITÊ EDITORIAL	Marli Caetano
	Andréa Barbosa Gouveia - UFPR
	Edmeire C. Pereira - UFPR
	Iraneide da Silva - UFC
	Jacques de Lima Ferreira - UP
SUPERVISOR DA PRODUÇÃO	Renata Cristina Lopes Miccelli
ASSESSORIA EDITORIAL	Miriam Gomes
REVISÃO	Isabel Tomaselli Borba
PRODUÇÃO EDITORIAL	Miriam Gomes
DIAGRAMAÇÃO	Andrezza Libel
CAPA	João Vitor Oliveira dos Anjos
REVISÃO DE PROVA	William Rodrigues

COMITÊ CIENTÍFICO DA COLEÇÃO CIÊNCIAS SOCIAIS

DIREÇÃO CIENTÍFICA Fabiano Santos (UERJ-IESP)

CONSULTORES
- Alícia Ferreira Gonçalves (UFPB)
- Artur Perrusi (UFPB)
- Carlos Xavier de Azevedo Netto (UFPB)
- Charles Pessanha (UFRJ)
- Flávio Munhoz Sofiati (UFG)
- Elisandro Pires Frigo (UFPR-Palotina)
- Gabriel Augusto Miranda Setti (UnB)
- Helcimara de Souza Telles (UFMG)
- Iraneide Soares da Silva (UFC-UFPI)
- João Feres Junior (Uerj)
- Jordão Horta Nunes (UFG)
- José Henrique Artigas de Godoy (UFPB)
- Josilene Pinheiro Mariz (UFCG)
- Leticia Andrade (UEMS)
- Luiz Gonzaga Teixeira (USP)
- Marcelo Almeida Peloggio (UFC)
- Maurício Novaes Souza (IF Sudeste-MG)
- Michelle Sato Frigo (UFPR-Palotina)
- Revalino Freitas (UFG)
- Simone Wolff (UEL)

LISTA DE ABREVIATURAS E SIGLAS

BNCC   Base Nacional Comum Curricular

PNA   Política Nacional de Alfabetização

Pnaic   Pacto Nacional pela Alfabetização na Idade Certa

APA   American Psychiatric Association

SUMÁRIO

INTRODUÇÃO À NUMERACIA
E ALFABETIZAÇÃO MATEMÁTICA.. 11

DEFINIÇÕES DE NUMERACIA,
ALFABETIZAÇÃO E LETRAMENTO MATEMÁTICO......................... 13
    Habilidades e competências matemáticas...17

ALÉM DA ESCOLA: A UTILIDADE
DA MATEMÁTICA NO MUNDO REAL.. 23

ABORDAGENS DE ENSINO DA MATEMÁTICA.................................. 27
    Aprendizagem baseada em problemas..27
    Raciocínio matemático e resolução de problemas................................30
    Resolução de problemas em etapas 32
    Modelagem matemática..33
    Abordagem manipulativa 35
    Aprendizagem cooperativa 36
    Abordagem contextualizada...38
    Abordagem investigativa...39
    Abordagem baseada em jogos e brincadeiras...40
    Abordagem baseada na História da Matemática 42
    Abordagem interdisciplinar..43
    Abordagem baseada em tecnologia..44
    Abordagem baseada em competências 46

METODOLOGIAS ATIVAS E A NUMERACIA 49

DESENVOLVIMENTO COGNITIVO
E MATEMÁTICO DAS CRIANÇAS.. 55

ESTILOS DE APRENDIZAGEM MATEMÁTICA 61

DESENVOLVIMENTO DE HABILIDADES NUMÉRICAS 65
Contagem e reconhecimento de números 65
Comparação e ordenação 65
Compreensão de valor posicional 66
Operações básicas 66
Estimativa e arredondamento 67
Raciocínio proporcional 68
Cálculo mental e estratégias avançadas 68
Aplicação em contextos do mundo real 69
Exemplos de atividades matemáticas 70

FATORES QUE INFLUENCIAM
A APRENDIZAGEM MATEMÁTICA 75

PRÁTICAS PEDAGÓGICAS EFICAZES 77

ESTRATÉGIAS DE ENSINO 83

A TAREFA DE CASA 85

DESAFIOS COMUNS ENFRENTADOS
PELOS EDUCADORES NO ENSINO
DA MATEMÁTICA NOS ANOS INICIAIS 89

AVALIAÇÃO E FEEDBACK 93

INCLUSÃO E DIVERSIDADE NA SALA
DE AULA DE MATEMÁTICA 99

IMPORTÂNCIA DO SEU DESENVOLVIMENTO
PROFISSIONAL CONTÍNUO NA EDUCAÇÃO
MATEMÁTICA PARA AS SERIES INICIAIS 101

CONCEITOS MATEMÁTICOS FUNDAMENTAIS 105
Números 105
Geometria 106
Medidas 107
Álgebra 107
Estatística e Probabilidade 107

SUGESTÃO DE LIVROS 109

REFERÊNCIAS 113

INTRODUÇÃO À NUMERACIA E ALFABETIZAÇÃO MATEMÁTICA

A Matemática é um componente curricular que permeia diversas áreas da vida, desde tarefas cotidianas simples até desafios complexos de resolução de problemas. Desta forma, o objetivo deste livro é fornecer a você, educador dedicado, uma base para desenvolver estratégias pedagógicas eficazes e envolventes que estimulem o pensamento matemático em seus alunos. Ao longo das próximas páginas, exploraremos teorias, abordagens e práticas pedagógicas que podem ser implementadas em sala de aula, bem como recursos úteis para auxiliar no processo de ensino e aprendizagem.

Entendemos que o ensino da Matemática pode ser desafiador. Alunos podem ter dificuldades para compreender conceitos abstratos e podem se sentir intimidados ou desmotivados. No entanto, acreditamos firmemente que, com as estratégias adequadas e uma abordagem inclusiva, todos os alunos podem desenvolver habilidades matemáticas sólidas.

Ao longo deste livro, exploraremos os fundamentos da aprendizagem matemática; estratégias pedagógicas eficazes; desenvolvimento de habilidades numéricas, raciocínio matemático e resolução de problemas; avaliação e feedback; inclusão e diversidade na sala de aula de Matemática; e a importância do seu desenvolvimento profissional contínuo.

Nosso objetivo é fornecer a você, educador, um guia prático e abrangente, com exemplos, atividades e recursos úteis que ajudarão a criar um ambiente de aprendizagem estimulante, onde os alunos se sintam confiantes e entusiasmados para explorar o mundo da Matemática.

Lembre-se de que a jornada da numeracia é contínua, e nosso papel como educadores é nutrir o amor pela Matemática e equipar nossos alunos com as habilidades necessárias para enfrentar os desafios do mundo moderno.

DEFINIÇÕES DE NUMERACIA, ALFABETIZAÇÃO E LETRAMENTO MATEMÁTICO

A álgebra e a geometria analítica, por exemplo, são áreas da Matemática que não se desenvolvem naturalmente ou de maneira intuitiva no ser humano. Ao contrário, exigem um processo de aprendizagem sistemático e abstrato para dominar seus conceitos e aplicá-los efetivamente.

Por outro lado, as habilidades primárias matemáticas, como o senso numérico e de quantidade, são intrínsecas ao desenvolvimento humano. Desde cedo, as crianças começam a explorar e compreender intuitivamente conceitos relacionados a quantidade, como "muito" e "pouco", e a realizar operações básicas de contagem.

> [...] a percepção de quantidade pelo homem primitivo era praticamente intuitiva, como a dos animais. A contagem para o homem era: um, dois e muitos, ou seja, a partir de um grupo de três ou quatro objetos o homem dizia simplesmente que havia muitos objetos nesse grupo.[1]

Essa intuição numérica é uma base importante para a construção de habilidades matemáticas mais avançadas. Ela proporciona aos indivíduos uma compreensão inicial das relações quantitativas e padrões numéricos, facilitando a aprendizagem posterior de conceitos matemáticos complexos.

Comparativamente, podemos afirmar que a Matemática é mais intuitiva do que a leitura e a escrita. Enquanto a leitura e a escrita exigem o domínio do sistema de escrita e a compreensão das convenções linguísticas, o senso numérico é um aspecto natural da cognição humana e pode ser observado desde os primeiros anos de vida.

---

[1] MIYASCHITA, W. Y. *Sistema de numeração*: como funcionam e como são estruturados os números. Bauru, 2002. Tese (Graduação em Matemática) – Faculdade de Ciências, Universidade de São Paulo, Bauru, 2002, p. 5.

Diversos profissionais da educação utilizam o termo "alfabetização matemática" ou "letramento matemático" para se referir à aquisição de habilidades básicas ou iniciais de Matemática. Embora possamos entender o que se quer dizer com esses termos, é importante utilizá-lo corretamente, ou seja, "alfabetização" e "letramento" dizem respeito ao processo de escrita e leitura; e "numeracia", às habilidades matemáticas. Numeracia é basicamente o conhecimento fundamental de matemática e a habilidade de aplicá-lo no dia a dia para resolver problemas. Envolve aprender um conjunto de habilidades ao longo da infância, que treinam o cérebro para lidar com números. De acordo com a Política Nacional de Alfabetização (PNA)[2], a expressão "alfabetização matemática" não é adequada para descrever o ensino fundamental básico da Matemática.

> A palavra 'alfabetização' deriva de 'alfabeto', o conjunto de letras do sistema alfabético. Não se deve, portanto, entender alfabetização como sinônimo de aprendizagem inicial, ou de conhecimentos básicos, sob o risco de ampliar demasiadamente, por uma figura de linguagem, o real significado da palavra, criando dúvidas ainda sobre o que de fato seja uma 'alfabetização matemática'. Literacia, por sua vez, é um termo que também designa os meios de obter e processar informações escritas. A literacia numérica diz respeito às habilidades de matemática que permitem resolver problemas da vida cotidiana e lidar com informações matemáticas. O termo 'literacia matemática' originou-se do inglês numerical literacy, popularizado como numeracy, e em português se convencionou chamar numeracia. (UNESCO, 2006).[3]

Ainda segundo a PNA, a numeracia vai além do simples uso de números para contar, envolve a capacidade de compreender e utilizar habilidades matemáticas para resolver problemas lidando com as situações do dia a dia. A aquisição das habilidades da nume-

---

[2] BRASIL. Ministério da Educação. *PNA*: Política Nacional de Alfabetização. Brasília: Sealf, 2019.

[3] PNA, p. 24

racia ocorre de forma simultânea às habilidades de leitura e escrita, permitindo o desenvolvimento de competências matemáticas mais avançadas por meio de instrução formal posterior.

Dizemos que a numeracia:

- Refere-se à capacidade de compreender, usar e interpretar números em diferentes contextos.

- Envolve a compreensão dos conceitos numéricos básicos, como contagem, sequência, ordem, operações aritméticas e a capacidade de aplicar esses conceitos em situações do dia a dia.

- Inclui a capacidade de raciocinar quantitativamente, interpretar dados e estatísticas, reconhecer padrões e resolver problemas numéricos.

- Envolve a capacidade de ler, escrever e comunicar conceitos e ideias matemáticas de forma eficaz.

- Inclui a compreensão e o uso correto do vocabulário matemático, símbolos e notações, bem como a capacidade de interpretar e criar representações gráficas, tabelas e gráficos.

- Inclui a habilidade de fazer conexões entre diferentes áreas da matemática, reconhecer padrões e justificar soluções matemáticas.

O ensino da numeracia é de extrema importância na educação infantil e nos anos iniciais do ensino fundamental, pois tem como objetivo desenvolver habilidades essenciais para o aprendizado da Matemática. A partir desse processo, busca-se principalmente fortalecer o raciocínio lógico matemático e solidificar a compreensão das estruturas bidimensionais (representações gráficas que são planas), bem como das operações básicas.

Uma das principais metas ao ensinar numeracia é estimular a capacidade de pensar numericamente. Isso significa que as crianças aprenderão a compreender e manipular números, a reconhecer suas relações e a utilizá-los de maneira significativa em diferentes contextos. Essa habilidade é fundamental para que os alunos possam lidar com situações cotidianas que envolvam quantidades, medições e cálculos.

Além disso, a numeracia também incentiva os alunos a identificar e descrever padrões e relações. Essa competência é crucial para que eles possam fazer previsões, generalizar conceitos e resolver problemas matemáticos de forma mais eficiente.

Outro aspecto importante do ensino da numeracia é o desenvolvimento de estratégias para solucionar problemas. Ao aprenderem a enfrentar desafios matemáticos, os alunos adquirem habilidades de resolução de problemas, pensamento crítico e criatividade. Essas competências são valiosas não apenas para a Matemática, mas também para a vida como um todo, pois capacitam os estudantes a enfrentarem obstáculos com confiança e determinação.

A numeracia deve se concentrar na compreensão e aplicação dos números e nas habilidades de comunicação e interpretação das ideias matemáticas. Ambos os conceitos são fundamentais para capacitar os indivíduos a se tornarem pensadores críticos e competentes em um mundo cada vez mais orientado pela Matemática.

A Base Nacional Comum Curricular (BNCC)[4] estabelece a importância do até então denominado letramento matemático e as competências e habilidades que os estudantes devem desenvolver ao longo da educação básica, incluindo a área da Matemática. Assim, segundo a BNCC, 2017:

> O Ensino Fundamental deve ter compromisso com o desenvolvimento do letramento matemático, definido como as competências e habilidades de raciocinar, representar, comunicar e argumentar matematicamente, de modo a favorecer o estabelecimento de conjecturas, a formulação e a resolução de problemas em uma variedade de contextos, utilizando conceitos, procedimentos, fatos e ferramentas matemáticas. É também o letramento matemático que assegura aos

---

[4] BRASIL. Ministério da Educação. *Base Nacional Comum Curricular*: educação é a base. Brasília: SEB, 2018.

> alunos reconhecer que os conhecimentos matemáticos são fundamentais para a compreensão e a atuação no mundo e perceber o caráter de jogo intelectual da matemática, como aspecto que favorece o desenvolvimento do raciocínio lógico e crítico, estimula a investigação e pode ser prazeroso (fruição).

A BNCC destaca a importância dos conceitos básicos como parte das competências gerais que os estudantes devem adquirir. As competências matemáticas estão relacionadas à capacidade de utilizar o pensamento lógico, criativo e crítico para solucionar problemas, analisar e interpretar informações quantitativas e tomar decisões fundamentadas.

Na síntese das expectativas da BNCC, destacam-se os seguintes conhecimentos específicos relacionados à numeracia:

- Compreender e utilizar os números e suas operações de forma flexível, precisa e eficiente.

- Resolver problemas que envolvam quantidades, variações e relações.

- Interpretar e representar informações quantitativas por meio de gráficos, tabelas e outras formas de representação.

A BNCC também enfatiza que a Matemática não se restringe apenas ao domínio dos cálculos e operações, mas também envolve a compreensão dos conceitos matemáticos, a capacidade de aplicá-los em diferentes contextos e a interpretação de dados quantitativos de forma crítica.

Portanto, de acordo com a BNCC, a Matemática é um componente essencial que os estudantes devem desenvolver ao longo de sua trajetória educacional e para que isso ocorra a numeracia deve ocorrer de forma assertiva.

Habilidades e competências matemáticas

As crianças têm contato com a Matemática desde muito cedo, por exemplo, aprendem a contar objetos, pessoas e até mesmo utiliza os dedos para indicar quantidades. Isso ajuda a desenvolver a noção de quantidade e a relação entre os números e os objetos contados. Elas reconhecem e identificam os números quando são incentivadas a classificar e ordenar objetos de acordo com características específicas, como forma, tamanho, cor ou quantidade.

As crianças exploram formas planas básicas, como círculos, quadrados, triângulos e retângulos, em atividades de brincadeiras e construções. Elas aprendem a identificar e nomear as formas e a perceber sua presença no mundo ao seu redor. As crianças encontram soluções para situações cotidianas, como dividir objetos entre amigos, identificar padrões em sequências ou descobrir quantas peças são necessárias para completar um quebra-cabeça. Elas podem comparar objetos quanto ao tamanho ou à quantidade de líquido que eles contêm, bem como começar a usar palavras como "maior", "menor", "cheio" e "vazio". E, por meio de jogos de tabuleiro, jogos de contagem, enigmas matemáticos e outras atividades lúdicas, as crianças são incentivadas a explorar e aplicar seus conhecimentos matemáticos de maneira prática e interativa.

A numeracia engloba um conjunto abrangente de habilidades e competências matemáticas essenciais, incluindo:

Consciência numérica (Unidade temática de Números): entender o significado dos números e como eles se relacionam com quantidades.

Linguagem numérica (Unidade temática de Números): capacidade de compreender os símbolos matemáticos, como os sinais de adição, subtração, multiplicação e divisão.

Funções executivas (Unidade temática de Álgebra): ter habilidades de raciocínio matemático, ou seja, ser capaz de usar estratégias para resolver cálculos. Isso requer habilidades de compreensão, organização, planejamento e tomada de decisões.

Espacialidade (Unidade temática de Geometria e de Grandezas e medidas): compreensão de espaço, posição e tempo, como esquerda e direita, perto e longe. Compara tamanhos, isso está relacionado às operações espaciais, reconhecimento de figuras geométricas e relações com objetos.

Na educação infantil, de acordo com a BNCC (2017), as crianças têm contato com habilidades que envolvem conceitos matemáticos em diversos momentos. Seguem algumas habilidades que podem englobar o uso do pensamento matemático:

(EI03ET01) Estabelecer relações de comparação entre objetos, observando suas propriedades.

(EI03ET04) Registrar observações, manipulações e medidas, usando múltiplas linguagens (desenho, registro por números ou escrita espontânea), em diferentes suportes.

(EI03ET05) Classificar objetos e figuras de acordo com suas semelhanças e diferenças.

(EI03ET06) Relatar fatos importantes sobre seu nascimento e desenvolvimento, a história dos seus familiares e da sua comunidade.

(EI03ET07) Relacionar números às suas respectivas quantidades e identificar o antes, o depois e o entre em uma sequência.

(EI03ET08) Expressar medidas (peso, altura etc.), construindo gráficos básicos.

Os conhecimentos matemáticos devem ser aprofundados à medida que as crianças progridem da educação infantil para os primeiros anos do ensino fundamental. Relacionamos a seguir como os conhecimentos matemáticos evoluem de maneira geral nessa transição:

Educação infantil	Primeiros anos do ensino fundamental
Contagem: as crianças aprendem a contar objetos, realizar contagens orais e associar números a quantidades.	Sistema de numeração: as crianças aprofundam seu entendimento do sistema de numeração decimal, incluindo a compreensão de unidades, dezenas e centenas.

Educação infantil	Primeiros anos do ensino fundamental
Classificação e ordenação: as crianças começam a classificar objetos por características e a ordená-los em sequências simples.	Padrões e sequências: as crianças trabalham com padrões e sequências mais complexas, aprendendo a identificar, estender e criar padrões numéricos e geométricos.
Operações básicas: as crianças também têm a oportunidade de explorar operações básicas, como adição e subtração, de maneira concreta e manipulativa.	Operações básicas: As crianças começam a adicionar e subtrair números de dois dígitos, usando estratégias como contagem, decomposição e reagrupamento.
Comprimento: as crianças começam a explorar medidas de comprimento usando termos como "curto" e "longo" para descrever objetos do cotidiano. Elas são incentivadas a comparar o tamanho de diferentes objetos e a identificar aqueles que são maiores ou menores.	Medidas: as crianças exploram unidades de medida, como comprimento, peso, capacidade e tempo. Elas começam a usar instrumentos de medição e a comparar quantidades
Noções de geometria: as crianças exploram formas básicas, como círculos, quadrados e triângulos, e aprendem a identificá-las e nomeá-las.	Geometria e noções espaciais: as crianças desenvolvem um vocabulário mais avançado para descrever formas e exploram conceitos como simetria, congruência e transformações
Resolução de problemas simples: as crianças são incentivadas a encontrar soluções para problemas cotidianos usando estratégias básicas.	Resolução de problemas mais complexos: as crianças enfrentam problemas matemáticos mais desafiadores, que requerem estratégias de resolução mais elaboradas e o uso de múltiplas etapas.

À medida que as crianças avançam na vida escolar, a Matemática se torna cada vez mais abstrata e conceitual. Elas desenvolvem uma compreensão mais sólida dos números, das operações matemáticas e das relações entre os conceitos matemáticos. A resolução de problemas também se torna mais elaborada, exigindo habilidades de pensamento crítico, análise e raciocínio lógico por parte dos alunos.

> No Ensino Fundamental – Anos Iniciais, deve-se retomar as vivências cotidianas das crianças com números, formas e espaço, e também as experiências desenvolvidas na Educação Infantil, para iniciar uma sistematização dessas noções.[5]

Nos anos iniciais do ensino fundamental, o ensino da numeracia visa o desenvolvimento das habilidades matemáticas dos alunos, bem como a compreensão dos conceitos matemáticos básicos já vivenciando na educação infantil. O objetivo é que os alunos conhecem e trabalhem com os números naturais, adquiram noção espacial, trabalhem operações básicas e compreendam medidas de comprimento, massa, volume e tempo. Até o segundo ano do ensino fundamental, é importante que os alunos desenvolvam as seguintes noções:

Números naturais	Nome, ordem e representação dos números até 1000, relações com a vida cotidiana.
Noção espacial	Reconhecimento de formas geométricas planas e espaciais, orientação espacial, comparação de tamanhos, leitura de roteiros ou plantas.
Operações básicas	Adição, subtração, multiplicação (parcelas iguais) e divisão (metade e terça parte).
Medidas	Comprimento, massa, volume, tempo e sistema monetário.

Nessa jornada pela numeracia, temos claro que essas habilidades auxiliam os alunos a tomar decisões informadas e analisar informações quantitativas de forma crítica. Além disso, o domínio dessas noções contribui para o desenvolvimento cognitivo e para a formação de indivíduos mais preparados para enfrentar os desafios de um mundo cada vez mais orientado pela Matemática e pela tecnologia.

---

[5] BNCC, 2017, p. 276

Como educadores, temos o compromisso de proporcionar uma educação matemática sólida e significativa para nossos alunos. Devemos adotar abordagens pedagógicas eficazes, valorizando a diversidade de estilos de aprendizagem e promovendo a inclusão de todos os estudantes. Ao explorar estratégias inovadoras, utilizar recursos tecnológicos e incentivar a resolução de problemas reais, prepararemos nossos alunos para se tornarem cidadãos ativos, críticos e bem-sucedidos em suas trajetórias pessoais e profissionais.

Reconhecemos que a jornada de aprendizado matemático é contínua e que cada passo na construção dessas habilidades é essencial para o crescimento dos estudantes. Portanto, como educadores comprometidos com a formação plena dos alunos, devemos buscar aprimorar constantemente nossas práticas pedagógicas, procurando inspirar e despertar o interesse dos estudantes pela Matemática.

Com isso em mente, reafirmamos a importância de investir na formação de bases sólidas em numeracia nos anos iniciais, preparando nossos alunos para um futuro promissor. Cada descoberta, cada conceito aprendido e cada problema resolvido são peças fundamentais na construção do conhecimento matemático dos nossos estudantes. Que possamos, juntos, continuar trilhando esse caminho, cultivando o amor pela matemática e capacitando nossos alunos a enfrentarem com confiança os desafios que encontrarem pela frente.

ALÉM DA ESCOLA: A UTILIDADE DA MATEMÁTICA NO MUNDO REAL

Antes de adentrarmos nas metodologias e estratégias de ensino da Matemática, é essencial apresentar os argumentos que defendem a construção de uma base sólida nesse componente curricular desde a infância até a fase jovem adulta. A relevância da Matemática é mais evidente quando consideramos a era atual, em que vivemos em uma sociedade cada vez mais orientada por dados e tecnologia. A capacidade de entender e utilizar conceitos matemáticos é essencial para uma tomada de decisão informada em diversas áreas, como finanças pessoais, investimentos, negócios, ciência, engenharia, medicina e até mesmo em atividades artísticas e culturais.

Além disso, a Matemática desempenha um papel crucial no desenvolvimento do pensamento lógico, do raciocínio abstrato e do senso crítico. Ao aprender Matemática, os estudantes são incentivados a pensar de forma estruturada, analítica e a buscar soluções para problemas complexos. Essas habilidades são valiosas não apenas no contexto acadêmico, mas também no mercado de trabalho e na resolução de questões sociais.

Quando se trata do ensino da Matemática nas fases iniciais da educação, é fundamental construir uma base sólida de conceitos e habilidades matemáticas. Ao proporcionar uma educação matemática de qualidade desde cedo, estamos preparando os alunos para enfrentarem com confiança os desafios do futuro, capacitando-os a tomar decisões bem fundamentadas e a se tornarem cidadãos mais críticos e informados.

- Habilidades de resolução de problemas: o desenvolvimento de habilidades de resolução de problemas, permite que as pessoas identifiquem e abordem desafios quantitativos em diversas situações. Essas habilidades são cruciais não apenas no contexto escolar, mas também ao longo da vida profissional e pessoal, em que a capacidade de tomar decisões informadas baseadas em dados é cada vez mais valorizada.

- Participação ativa na sociedade: a compreensão dos conceitos matemáticos permite a participação ativa na sociedade, tomada de decisões fundamentadas e habilidades financeiras básicas. Além disso, a análise crítica de informações quantitativas contribui para o envolvimento no processo democrático e a tomada de decisões informadas, evitando ser influenciado por desinformação e *fake news.*

- Compreensão de questões globais: o desenvolvimento do raciocínio matemático é fundamental para entender questões globais complexas, como mudanças climáticas e análise de dados de pesquisas. Com habilidades numéricas sólidas, as pessoas podem participar de discussões críticas, contribuindo para uma sociedade informada. Além disso, a numeracia promove o pensamento crítico, permitindo a análise objetiva de informações quantitativas e evitando o pensamento enviesado. Na área financeira, ela é essencial para tomar decisões conscientes e alcançar objetivos de longo prazo.

- Empoderamento pessoal: a habilidade de compreender e usar números efetivamente tem um impacto significativo na vida das pessoas, possibilitando que elas busquem oportunidades educacionais e de carreira e tomem decisões informadas sobre suas finanças pessoais e saúde. Além disso, a Matemática desempenha um papel fundamental no desenvolvimento do raciocínio lógico, pensamento crítico e habilidade de abstração, habilidades que podem ser aplicadas em diversos contextos para a resolução de problemas complexos e pensamento analítico em várias áreas da vida. A numeracia capacita as pessoas a terem controle sobre suas finanças e enfrentarem desafios financeiros com confiança.

- Preparação para carreiras do século 21: com o avanço da tecnologia e automação no mercado de trabalho, as habilidades matemáticas ganham ainda mais relevância, sendo cada vez mais valorizadas em profissões nas áreas de ciência, tecnologia, engenharia, matemática e finanças. Uma alfabetização matemática sólida não apenas abre portas para diversas oportunidades de carreira, mas também impulsiona as perspectivas de emprego e crescimento profissional. Na era digital, as habilidades matemáticas são indispensáveis, fornecendo as bases para o pensamento algorítmico, a compreensão de sistemas numéricos, codificação e resolução de problemas computacionais, preparando indivíduos para a economia digital e a era da inovação tecnológica. O domínio dessas habilidades não apenas facilita o acesso a estudos avançados em Matemática, ciência, engenharia, economia e outras áreas correlatas, mas também se traduz em vantagem competitiva no mercado de trabalho. Carreiras de destaque em diversos setores demandam profissionais com habilidades matemáticas sólidas, desde engenheiros e cientistas até analistas financeiros e programadores.

- Habilidades essenciais para o pensamento científico: a numeracia vai além dos cálculos e fórmulas; ela desempenha um papel essencial no desenvolvimento do pensamento científico. Capacita indivíduos a aplicarem conceitos matemáticos em diversas áreas da ciência, como física, química, biologia e ciências sociais. A base numérica sólida permite interpretar dados, analisar resultados de experimentos e compreender modelos matemáticos, explorando e compreendendo melhor o mundo natural. Além disso, a matemática envolve pensamento abstrato e criativo, ao enfrentar desafios matemáticos, os estudantes desenvolvem habilidades de pensamento lógico, conexões entre conceitos aparentemente não relacionados e encontram soluções inovadoras, estimulando a criatividade, curiosidade e resiliência intelectual, fundamentais para enfrentar desafios em todas as esferas da vida.

As habilidades matemáticas são fundamentais para o sucesso acadêmico e na vida cotidiana, fornecendo ferramentas essenciais para lidar com desafios quantitativos, tomar decisões informadas e participar ativamente de uma sociedade cada vez mais orientada pela Matemática e pelos dados. Além disso, essas competências fortalecem o pensamento crítico, promovem a cidadania ativa, abrem portas para carreiras promissoras, capacitam para tomada de decisões financeiras e contribuem para uma sociedade mais justa e equitativa. Investir no desenvolvimento dessas habilidades desde a educação básica é fundamental para preparar os estudantes para um futuro próspero e bem-sucedido, proporcionando uma base sólida para o desenvolvimento cognitivo e o pensamento crítico. Portanto, promover a numeracia de forma significativa e eficaz é essencial para o desenvolvimento integral dos estudantes e para fortalecer uma sociedade mais capacitada e adaptada ao mundo atual. Com essa perspectiva, exploraremos metodologias e estratégias de ensino para preparar os alunos para enfrentar os desafios do século 21.

ABORDAGENS DE ENSINO DA MATEMÁTICA

Existem várias teorias e abordagens de ensino da Matemática que podem ser utilizadas pelos educadores para promover a aprendizagem efetiva dos alunos. Aqui estão algumas das principais:

Aprendizagem baseada em problemas

Essa abordagem coloca os problemas no centro do processo de ensino e aprendizagem. Os alunos são desafiados a resolver problemas autênticos que exigem a aplicação de conceitos e habilidades matemáticas. Eles são incentivados a explorar diferentes estratégias, trabalhar colaborativamente e comunicar suas ideias matemáticas. A aprendizagem baseada em problemas promove o pensamento crítico, o raciocínio lógico e a transferência de conhecimentos para situações do mundo real.

Ao resolver problemas, os alunos aprendem a argumentar, pensar criticamente, ser criativos e encontrar soluções para desafios. Eles usam seus conhecimentos matemáticos já adquiridos, investigam, criam estratégias e comunicam suas ideias de forma clara — o que está alinhado com o que a BNCC busca. Segundo Dante[6], "um problema é qualquer situação que exija o pensar do indivíduo para solucioná-lo," e ainda:

> Os alunos devem ser encorajados a fazer perguntas ao professor e entre eles mesmos, quando estão trabalhando em pequenos grupos. Assim, eles vão esclarecendo os pontos fundamentais e destacando as informações importantes do problema, ou seja, vão compreendendo melhor o que o problema pede e que dados e condições possuem para resolvê-lo.[7]

---

[6] DANTE, L. R. *Formulação e resolução de problemas de matemática*. 1. ed. São Paulo: Ática, 2010

[7] *Ibidem*, p. 31.

Resolver problemas permite que os alunos apliquem a Matemática em situações reais, tornando o aprendizado mais interessante e prático. Tanto a BNCC quanto a PNA destacam a importância de uma aprendizagem ativa, em que os alunos são protagonistas e constroem seu conhecimento. Dessa forma, a resolução de problemas é uma abordagem que se encaixa perfeitamente nisso! Ela ajuda os alunos a desenvolverem habilidades matemáticas essenciais, ao mesmo tempo em que trabalham competências socioemocionais, como persistência, colaboração e resiliência.

A resolução de problemas é uma habilidade fundamental no ensino da Matemática, pois permite que os alunos apliquem conceitos e estratégias matemáticas para resolver situações do mundo real. Por meio da resolução de problemas, os alunos desenvolvem habilidades de pensamento crítico, raciocínio lógico, criatividade e tomada de decisões, além de fortalecer sua compreensão dos conceitos matemáticos.

Aqui estão alguns aspectos importantes sobre a resolução de problemas no ensino da Matemática:

1. Contextualização: a resolução de problemas matemáticos deve ser contextualizada, ou seja, apresentar situações do mundo real que sejam relevantes para os alunos. Isso ajuda a criar um senso de propósito e significado na aplicação dos conceitos matemáticos. Os problemas podem estar relacionados a situações cotidianas, como divisão de objetos, cálculos de tempo, medidas de ingredientes em uma receita, entre outros, de forma a conectar a Matemática com a vida dos alunos.

2. Compreensão do problema: antes de iniciar a resolução de um problema, os alunos precisam entender completamente o que está sendo solicitado. Eles devem identificar as informações relevantes, interpretar as perguntas e estabelecer uma estratégia para resolvê-lo. Isso envolve a leitura cuidadosa do problema, a identificação das operações matemáticas necessárias e a formulação de um plano de ação.

3. Estratégias de resolução: os alunos devem ser ensinados a usar diferentes estratégias para resolver problemas matemáticos. Isso inclui o uso de modelos visuais, como diagramas ou desenhos, a criação de tabelas ou gráficos, a utilização de cálculos mentais, a decomposição do problema em partes menores, entre outros. É importante que os alunos sejam encorajados a explorar diferentes abordagens e a avaliar a eficácia de cada estratégia utilizada.

4. Processo de tentativa e erro: a resolução de problemas matemáticos muitas vezes envolve um processo de tentativa e erro, no qual os alunos testam diferentes estratégias e ajustam suas abordagens conforme necessário. Eles devem ser incentivados a persistir, mesmo diante de desafios, e a aprender com os erros cometidos. A reflexão sobre as estratégias utilizadas e a identificação de alternativas ajudam os alunos a desenvolver habilidades metacognitivas e aprimorar sua capacidade de resolver problemas.

5. Comunicação e justificativa: durante o processo de resolução de problemas, é essencial que os alunos sejam capazes de comunicar suas ideias, estratégias e resultados. Eles devem ser incentivados a explicar seu raciocínio matemático, a fornecer justificativas para suas respostas e a apresentar suas soluções de maneira clara e organizada. A comunicação matemática promove a compreensão e a validação das estratégias utilizadas, além de ajudar os alunos a aprender uns com os outros.

6. Aplicação de múltiplos conceitos: a resolução de problemas matemáticos frequentemente requer a aplicação de múltiplos conceitos e habilidades em conjunto. Os alunos são desafiados a integrar diferentes áreas da Matemática para encontrar soluções. Isso incentiva a transferência de conhecimento e o desenvolvimento de uma compreensão abrangente dos conceitos matemáticos, além de mostrar a interconexão entre os diferentes tópicos.

Ao incorporar a resolução de problemas no ensino da Matemática, os educadores promovem a aplicação prática dos conceitos matemáticos e desenvolvem habilidades essenciais para a resolução de problemas no mundo real. A resolução de problemas desafia os alunos a pensar criticamente, a tomar decisões informadas e a aplicar estratégias matemáticas de forma criativa, preparando-os para enfrentar desafios complexos em suas vidas acadêmicas e além.

Raciocínio matemático e resolução de problemas

O desenvolvimento do raciocínio matemático e da resolução de problemas nos anos iniciais e na educação infantil pode ser estimulado por meio de várias estratégias e atividades. Aqui estão algumas sugestões para promover o raciocínio matemático e a resolução de problemas nesses estágios:

1. Jogos e quebra-cabeças: utilize jogos e quebra-cabeças matemáticos que envolvam desafios e resolução de problemas. Isso ajuda as crianças a desenvolver habilidades de raciocínio lógico, pensamento crítico e estratégias de solução de problemas.

2. Atividades práticas do dia a dia: integre a Matemática às atividades diárias, como contar objetos, medir ingredientes durante uma receita ou estimar a quantidade de itens em uma coleção. Isso permite que as crianças apliquem conceitos matemáticos em contextos reais e desenvolvam habilidades de resolução de problemas práticos.

3. Estimule a criatividade: incentive as crianças a pensar de maneira criativa e a explorar várias soluções possíveis para um problema. Permita que elas usem materiais manipulativos, desenhos ou representações visuais para expressar suas ideias e estratégias.

4. Resolução de problemas em grupo: promova atividades em grupo que envolvam a resolução de problemas matemáticos. Isso estimula a colaboração, a comunicação e a troca de

ideias entre as crianças, permitindo que elas aprendam uns com os outros e desenvolvam habilidades sociais enquanto trabalham em conjunto.

5. Perguntas abertas: faça perguntas abertas que estimulem o pensamento crítico e o raciocínio matemático. Em vez de apenas fornecer respostas ou fórmulas, incentive as crianças a pensar sobre como chegar a uma resposta e a explicar seu raciocínio.

6. Contextualização dos problemas: apresente problemas matemáticos que sejam contextualizados e relevantes para as crianças. Use situações do dia a dia, como problemas envolvendo dinheiro, tempo, medidas e padrões, para tornar os desafios matemáticos mais significativos e envolventes.

7. Exploração de padrões: incentive as crianças a procurarem padrões e regularidades em diferentes situações matemáticas. Isso ajuda a desenvolver habilidades de pensamento algébrico e dedutivo, bem como a capacidade de identificar regularidades e generalizar resultados.

8. Uso de recursos visuais: utilize recursos visuais, como diagramas, gráficos, representações geométricas e modelos manipulativos, para auxiliar na compreensão e resolução de problemas matemáticos. Esses recursos ajudam as crianças a visualizar os problemas e a buscar estratégias de solução.

9. Reflexão sobre estratégias utilizadas: estimule as crianças a refletirem sobre as estratégias que utilizaram para resolver um problema. Encoraje-as a pensar em outras abordagens possíveis e a considerar se sua estratégia foi eficaz. Isso desenvolve habilidades metacognitivas e promove o autoquestionamento.

10. Incentive a persistência: encoraje as crianças a persistirem na resolução de problemas, mesmo quando enfrentam dificuldades. Incentive-as a tentar diferentes estratégias, a fazer suposições educadas e a aprender com os erros, pois a resolução de problemas nem sempre ocorre imediatamente.

Lembre-se de que é importante adaptar as atividades e os desafios de acordo com o nível de desenvolvimento das crianças, oferecendo suporte adequado e fornecendo oportunidades para que elas se sintam confiantes e motivadas ao enfrentar problemas matemáticos.

Resolução de problemas em etapas

Essa abordagem divide o processo de resolução de problemas em etapas claras, fornecendo estratégias e orientações estruturadas aos alunos. Os alunos são guiados a identificar informações relevantes, desenvolver um plano, executá-lo e refletir sobre a solução encontrada. Essa abordagem ajuda os alunos a desenvolverem uma abordagem sistemática e metódica para resolver problemas matemáticos.

Segundo Polya[8], existem quatro fases para resolver um problema de matemática de forma eficiente:

- Compreender o problema (CP): o que é necessário para resolvê-lo? Quais suas variáveis e incógnitas?

- Designar um plano (DP): esse problema é conhecido? Como as variáveis estão correlacionadas? Quais estratégias devemos usar para sua resolução?

- Executar o plano (EP): é possível verificar cada passo da execução? É possível demonstrar que o plano está correto?

- Retrospecto do problema (RP): é possível verificar o resultado encontrado?

Utilizando-se o método proposto por Polya, constata-se que, com mais facilidade, organizam-se as ideias e se obtém a solução do problema com uma melhor compreensão do que se não tivéssemos seguido seu método. Também é possível encontrar problemas análogos e tornar mais clara uma estratégia para sua resolução. Certamente esse método não é uma ferramenta mila-

---

[8] POLYA, G. *A arte de resolver problemas*: um novo aspecto do método matemático. Rio de Janeiro: Interciência, 2006.

grosa, mas torna-se necessário e eficiente seu uso em um grande número de problemas, principalmente os que apresentam um maior nível de dificuldade.

Modelagem matemática

A modelagem matemática envolve a aplicação de conceitos e técnicas matemáticas para resolver problemas do mundo real. Os alunos são incentivados a identificar problemas, coletar dados, criar modelos matemáticos, testar soluções e interpretar os resultados. Essa abordagem promove a conexão entre a Matemática e o mundo cotidiano dos alunos, tornando a aprendizagem mais significativa e relevante.

A modelagem matemática é uma abordagem pedagógica que envolve a aplicação de conceitos matemáticos em situações reais do mundo, permitindo que os alunos investiguem, analisem e resolvam problemas autênticos usando ferramentas e estratégias matemáticas. Nessa abordagem, os alunos são desafiados a conectar a Matemática com a vida cotidiana, explorando seu potencial para solucionar questões do mundo real.

Aqui estão alguns aspectos importantes sobre a modelagem matemática no ensino:

1. Contextualização: a modelagem matemática envolve a apresentação de problemas que têm relevância e significado para os alunos. Os problemas são contextualizados em situações reais e práticas, como questões financeiras, problemas ambientais, análise de dados, entre outros. Essa abordagem permite que os alunos vejam a Matemática como uma ferramenta aplicável em suas vidas, aumentando sua motivação e engajamento na aprendizagem.

2. Investigação e exploração: a modelagem matemática incentiva os alunos a investigar e explorar problemas de maneira ativa. Eles são desafiados a coletar dados, fazer medições, realizar pesquisas e analisar informações relevantes para

resolver o problema em questão. Essa abordagem promove o pensamento crítico, a curiosidade e a habilidade de fazer perguntas e buscar respostas.

3. Aplicação de conceitos matemáticos: a modelagem matemática permite que os alunos apliquem conceitos e habilidades matemáticas aprendidos em situações reais. Eles são encorajados a usar operações matemáticas, propor modelos, criar gráficos, realizar cálculos e interpretar resultados para resolver o problema. Isso promove a transferência de conhecimento e ajuda os alunos a perceberem a utilidade e a aplicabilidade da Matemática em diferentes contextos.

4. Colaboração e comunicação: a modelagem matemática envolve frequentemente o trabalho em equipe, com os alunos colaborando para resolver problemas complexos. Eles discutem ideias, compartilham estratégias, argumentam sobre soluções e comunicam seus resultados de maneira clara e organizada. Essa colaboração promove a aprendizagem social, o desenvolvimento de habilidades de comunicação matemática e a valorização da diversidade de perspectivas.

5. Reflexão e revisão: a modelagem matemática incentiva os alunos a refletir sobre seu processo de resolução de problemas e a revisar suas estratégias à medida que avançam. Eles são desafiados a avaliar a eficácia de suas abordagens, identificar erros e propor melhorias. Essa reflexão metacognitiva ajuda os alunos a desenvolver habilidades de autorregulação, aperfeiçoar suas habilidades matemáticas e aprender com suas experiências.

6. Apresentação de resultados: na modelagem matemática, os alunos são incentivados a apresentar seus resultados de maneira clara e organizada, utilizando gráficos, tabelas, relatórios ou apresentações visuais. Essa apresentação de resultados desenvolve habilidades de comunicação matemática e ajuda os alunos a compartilharem suas descobertas e soluções com os outros.

A modelagem matemática é uma abordagem que promove a aplicação prática da Matemática, o pensamento crítico e a resolução de problemas autênticos. Ela capacita os alunos a se tornarem matemáticos ativos, capazes de conectar a Matemática com o mundo ao seu redor, explorar questões significativas e buscar soluções baseadas em evidências. Ao integrar a modelagem matemática no ensino, os educadores incentivam a curiosidade, a investigação e a aplicação da Matemática em contextos reais, preparando os alunos para enfrentar desafios do mundo real com confiança.

Abordagem manipulativa

A abordagem manipulativa envolve o uso de materiais manipulativos e recursos concretos para ajudar os alunos a compreender conceitos matemáticos abstratos. Os alunos podem manipular objetos físicos, como blocos, fichas, ábacos ou quebra-cabeças, para visualizar e experimentar os conceitos matemáticos. Essa abordagem ajuda os alunos a construir significado e a fazer conexões entre as representações concretas, pictóricas e simbólicas.

Uso de manipulativos: incorporar materiais manipulativos, como blocos de construção, fichas, ábacos, quebra-cabeças e jogos, para tornar os conceitos matemáticos mais tangíveis e concretos. Os manipulativos permitem que os alunos visualizem, manipulem e experimentem conceitos matemáticos, facilitando a compreensão e a retenção.

Aqui, podemos destacar que é possível, ainda, classificar os materiais concretos de duas maneiras, conforme Rodrigues e Gazire[9]:

> 1) O material manipulável estático: material concreto que não permite a transformação por continuidade, ou seja, alteração da sua estrutura física a partir da sua manipulação. Durante a atividade

---

[9] GAZIRE, E. RODRIGUES, F. Reflexões sobre uso de material didático manipulável no ensino de matemática: da ação experimental à reflexão. *Revemat*: R. Eletr. de Edu. Matem. Florianópolis, v. 7, n. 2, p. 187- 196, 2012. Disponível em: https://periodicos.ufsc.br/index.php/revemat/article/view/1981-1322.2012v7n2p187. Acesso em: 12 ago. 2023.

experimental, o sujeito apenas manuseia e observa o objeto na tentativa de abstrair dele algumas propriedades. Ao restringir o contato com o material didático apenas para o campo visual (observação), corre se o risco de obter apenas um conhecimento superficial desse objeto.

2) O material manipulável dinâmico: material concreto que permite a transformação por continuidade, ou seja, a estrutura física do material vai mudando à medida em que ele vai sofrendo transformações, por meio de operações impostas pelo sujeito que o manipula. A vantagem desse material em relação ao primeiro, na visão do autor, está no fato de que este facilita melhor a percepção de propriedades, bem como a realização de redescobertas que podem garantir uma aprendizagem mais significativa.

Aprendizagem cooperativa

A aprendizagem cooperativa enfatiza a colaboração entre os alunos no processo de aprendizagem matemática. Os alunos trabalham em grupos heterogêneos para resolver problemas, discutir estratégias, compartilhar ideias e ensinar uns aos outros. Essa abordagem promove o pensamento crítico, a comunicação matemática e o desenvolvimento de habilidades sociais, além de incentivar a diversidade de perspectivas e o respeito mútuo.

A aprendizagem cooperativa traz uma série de benefícios para os alunos, tanto no aspecto acadêmico quanto no desenvolvimento social e emocional. Aqui estão alguns pontos-chave sobre essa abordagem:

1. Colaboração e interação: a aprendizagem cooperativa incentiva a colaboração entre os alunos, proporcionando oportunidades para que trabalhem em equipe e se comuniquem efetivamente uns com os outros. Eles aprendem a ouvir diferentes perspectivas, expressar suas próprias ideias e construir conhecimento coletivamente. A interação entre

os alunos enriquece o processo de aprendizagem, permitindo que eles desenvolvam habilidades sociais e trabalhem em conjunto para resolver problemas matemáticos.

2. Desenvolvimento de habilidades sociais: ao trabalhar em equipe, os alunos aprendem a respeitar as opiniões dos outros, a compartilhar responsabilidades, a tomar decisões em grupo e a resolver conflitos de maneira construtiva. Eles aprendem a se comunicar de forma clara, a ouvir ativamente e a contribuir de maneira positiva para o sucesso do grupo. Essas habilidades sociais são fundamentais tanto para o ambiente escolar quanto para a vida em sociedade.

3. Construção de conhecimento compartilhado: a aprendizagem cooperativa promove a construção de conhecimento em conjunto. Os alunos têm a oportunidade de explicar conceitos uns aos outros, ensinar e ajudar seus colegas de grupo. Ao trabalharem juntos, eles são desafiados a articular suas próprias compreensões e aprofundar sua aprendizagem ao explicar e discutir ideias com os outros. Isso fortalece sua própria compreensão e consolidação do conhecimento.

4. Suporte entre pares: a aprendizagem cooperativa proporciona um ambiente de suporte entre pares, no qual os alunos podem oferecer ajuda e assistência uns aos outros. Isso é particularmente benéfico para os alunos que estão enfrentando dificuldades na Matemática, pois eles têm a oportunidade de receber apoio de seus colegas mais habilidosos. Esse suporte entre pares promove a construção de relacionamentos positivos e a valorização da diversidade de habilidades e conhecimentos na sala de aula.

5. Aumento da motivação e engajamento: trabalhar em grupo pode aumentar a motivação e o engajamento dos alunos na aprendizagem matemática. A colaboração, a interação e a oportunidade de participar ativamente nas discussões e na resolução de problemas tornam o processo de apren-

dizagem mais estimulante e envolvente para os alunos. Além disso, a aprendizagem cooperativa proporciona um ambiente de apoio e encorajamento mútuo, que pode ajudar os alunos a se sentirem mais confiantes em suas habilidades matemáticas.

Ao implementar a aprendizagem cooperativa na sala de aula de Matemática, os educadores promovem a construção de conhecimento coletivo, o desenvolvimento de habilidades sociais, a valorização da colaboração e a motivação dos alunos. Essa abordagem cria um ambiente de aprendizagem mais dinâmico, participativo e inclusivo, no qual os alunos podem se beneficiar tanto do aprendizado matemático quanto das interações sociais enriquecedoras

Abordagem contextualizada

A abordagem contextualizada busca estabelecer conexões entre os conceitos matemáticos e situações reais do mundo cotidiano dos alunos. Os educadores utilizam exemplos e problemas do mundo real para mostrar a aplicação prática da Matemática, tornando-a mais significativa e motivadora para os alunos. Essa abordagem ajuda a superar a percepção de que a Matemática é um campo isolado e abstrato.

Na abordagem contextualizada, a Matemática deixa de ser vista como uma disciplina isolada e abstrata para se tornar uma ferramenta poderosa e relevante no mundo cotidiano dos alunos. Os educadores utilizam exemplos e problemas do mundo real para estabelecer conexões com os conceitos matemáticos, tornando o aprendizado mais significativo e motivador.

Ao trazer situações reais para a sala de aula, os alunos podem compreender como a Matemática está presente em suas vidas diárias, desde atividades simples como compras no supermercado até questões mais complexas como a análise de dados em pesquisas científicas. Essa abordagem ajuda a mostrar a aplicação prática da Matemática e como ela é fundamental para a resolução de problemas do mundo real.

Dessa forma, os alunos percebem que a Matemática não é apenas um conjunto de fórmulas e números, mas uma habilidade essencial para lidar com desafios quantitativos em sua vida pessoal e profissional. A partir de exemplos concretos, eles compreendem como a Matemática pode ser uma aliada poderosa na tomada de decisões informadas e na resolução de questões do mundo contemporâneo.

A abordagem contextualizada ajuda a superar o estigma de que a Matemática é uma disciplina difícil e distante da realidade, tornando-a mais acessível e relevante para todos os alunos. Além disso, ao estimular o pensamento crítico e a resolução de problemas, essa abordagem também contribui para o desenvolvimento das habilidades cognitivas dos estudantes, preparando-os para enfrentar os desafios do mundo com confiança e capacidade analítica.

Ao utilizar a abordagem contextualizada em suas práticas pedagógicas, os educadores proporcionam aos alunos uma experiência de aprendizado mais enriquecedora, que valoriza o conhecimento matemático como uma ferramenta essencial e valiosa em suas vidas. A matemática deixa de ser uma matéria temida e passa a ser vista como uma aliada indispensável, capaz de proporcionar soluções e descobertas em diferentes contextos e situações do mundo real.

Abordagem investigativa

Nessa abordagem, os alunos são incentivados a explorar, investigar e descobrir conceitos matemáticos por meio da resolução de problemas e da exploração de padrões. Eles são desafiados a fazer conjecturas, testar hipóteses e justificar suas conclusões. A abordagem investigativa promove a curiosidade, o pensamento crítico e a autonomia dos alunos na construção do conhecimento matemático.

A abordagem investigativa é uma metodologia empolgante e eficaz que coloca os alunos no centro do processo de aprendizagem da Matemática. Nesse contexto, os estudantes são incentivados a se envolver ativamente na exploração, investigação e descoberta de conceitos matemáticos por meio da resolução de problemas e da exploração de padrões.

Ao invés de simplesmente receberem informações prontas, os alunos são desafiados a formular conjecturas, testar hipóteses e justificar suas conclusões. Eles são encorajados a fazer perguntas, a experimentar diferentes abordagens e a explorar diferentes caminhos para resolver os problemas propostos. Essa abordagem promove a curiosidade e a criatividade dos alunos, permitindo que eles desenvolvam um pensamento crítico e autônomo na construção do conhecimento matemático.

Mediante a abordagem investigativa, os alunos tornam-se protagonistas de seu próprio aprendizado, adquirindo uma compreensão mais profunda dos conceitos matemáticos e desenvolvendo habilidades para aplicá-los em diferentes contextos. Eles aprendem a pensar de forma independente e a buscar soluções para os desafios que encontram ao longo do processo de investigação.

Além disso, a abordagem investigativa também promove uma aprendizagem mais significativa e duradoura. Ao construírem seus próprios conhecimentos e estabelecerem conexões com suas experiências pessoais, os alunos têm mais chances de reter e aplicar o que aprenderam.

Essa abordagem também contribui para a motivação dos alunos em relação à Matemática. Ao se envolverem em atividades de investigação e resolução de problemas, eles percebem a relevância da Matemática em suas vidas e veem como ela pode ser uma ferramenta poderosa para entender e solucionar situações reais.

Como educador, ao adotar a abordagem investigativa em suas práticas pedagógicas, você promoverá um ambiente de aprendizagem estimulante e desafiador, no qual os alunos são encorajados a serem curiosos, criativos e independentes na construção do conhecimento matemático. Essa abordagem ajuda a formar estudantes mais críticos, autônomos e preparados para enfrentar os desafios do mundo moderno com confiança e habilidades matemáticas sólidas.

Abordagem baseada em jogos e brincadeiras

Os jogos matemáticos são utilizados como uma ferramenta educacional para envolver os alunos e promover a aprendizagem matemática de forma lúdica. Os jogos fornecem contextos desafiadores e motivadores, estimulam a tomada de decisões estratégicas, desenvolvem o raciocínio lógico e promovem a prática das habilidades matemáticas.

O uso de jogos no ensino da Matemática desempenha um papel fundamental ao enfrentar as dificuldades encontradas por alunos e professores no processo ensino-aprendizagem dessa disciplina. Para muitos estudantes, a Matemática pode ser uma matéria desafiadora e, por vezes, pouco compreendida, o que pode resultar em baixo interesse e dificuldades no aprendizado.

Ao promover o uso de jogos e atividades lúdicas, os educadores têm a oportunidade de tornar a aprendizagem da Matemática mais atrativa e significativa para os alunos. Os jogos proporcionam situações-problema envolventes e contextualizadas, permitindo que os estudantes desenvolvam habilidades de raciocínio lógico, resolução de problemas e pensamento independente.

A partir dos jogos, as crianças podem vivenciar situações desafiadoras, estimulando o interesse em aprender e promovendo a interação com os conteúdos matemáticos. Dominó, palavras cruzadas, memória e outras atividades podem ser utilizadas para tornar o processo de aprendizagem mais interessante e divertido.

Além de desenvolver habilidades matemáticas, os jogos também favorecem o desenvolvimento social dos alunos, incentivando a cooperação, o trabalho em equipe e a troca de ideias. A competição saudável nos jogos pode estimular o esforço e o interesse dos alunos em superar desafios e aprimorar suas habilidades.

Contudo, é fundamental que o uso de jogos na sala de aula tenha objetivos bem definidos e relacionados ao desenvolvimento do pensamento lógico-matemático. Não se trata apenas de ensinar os alunos a jogar, mas sim de proporcionar experiências que os levem a construir seu próprio conhecimento de forma significativa.

Assim, ao incorporar os jogos como recurso pedagógico, os educadores têm a oportunidade de tornar a Matemática mais acessível e interessante para os alunos, motivando-os a participar ativamente do processo de aprendizagem. Com uma abordagem dinâmica e interativa, a aprendizagem se torna uma atividade contínua e prazerosa, preparando os alunos para enfrentar os desafios da Matemática e desenvolvendo habilidades fundamentais para o seu sucesso acadêmico e na vida cotidiana.

Abordagem baseada na História da Matemática

A História da Matemática é utilizada como uma forma de contextualizar os conceitos e despertar o interesse dos alunos. Ao explorar o desenvolvimento da matemática ao longo da história e aprender sobre matemáticos famosos, os alunos podem compreender como os conceitos matemáticos foram descobertos e aplicados, além de apreciar a beleza e a importância da Matemática.

A utilização da História da Matemática nos primeiros anos do ensino fundamental desempenha um papel substancial no desenvolvimento do aprendizado matemático dos alunos. A História da Matemática pode ser incorporada ao currículo de forma atraente e significativa, proporcionando aos alunos uma compreensão mais profunda dos conceitos matemáticos e sua relevância para o mundo real.

Ao explorar a História da Matemática, os alunos são apresentados às origens e à evolução dos conceitos e técnicas matemáticas ao longo do tempo. Essa exploração permite que eles compreendam que a Matemática não se resume a um conjunto de regras abstratas, mas é uma disciplina que se desenvolveu e está relacionada a diversas culturas e contextos históricos. Além disso, os alunos perceberão que a Matemática é uma ciência humana, fruto das necessidades e preocupações de diferentes culturas, em diferentes momentos históricos, e é uma ciência viva, que contribui para solucionar problemas científicos e tecnológicos e para alicerçar descobertas e construções, inclusive com impactos no mundo do trabalho (Competências específicas de Matemática).

Ao conhecerem as contribuições de diferentes civilizações, como os antigos egípcios, babilônios, gregos, chineses e árabes, as crianças adquirem uma compreensão mais ampla da natureza universal da Matemática. Isso promove a valorização da diversidade cultural e ressalta a importância da colaboração e troca de conhecimentos ao longo da história.

Além disso, a História da Matemática oferece oportunidades para os alunos explorarem os processos de resolução de problemas utilizados por matemáticos famosos ao longo dos séculos. Ao analisarem como problemas desafiadores foram abordados no passado, as crianças podem desenvolver habilidades de pensamento crítico e estratégias de resolução de problemas.

Ao conectar a Matemática às experiências e interesses pessoais dos alunos, a História da Matemática torna o aprendizado mais envolvente e relevante. Ela fornece um contexto para os conceitos matemáticos, ajudando os alunos a compreenderem sua aplicação no mundo real e a perceberem que a Matemática está presente em várias áreas da vida cotidiana, como na arquitetura, nas artes, nas ciências e nas tecnologias.

Por fim, ao utilizar a História da Matemática nos primeiros anos do ensino fundamental, os educadores podem promover uma abordagem mais holística e inclusiva do ensino de Matemática. Isso estimula a curiosidade, o interesse e a motivação dos alunos, contribuindo para o desenvolvimento de uma base sólida de conhecimentos e habilidades matemáticas que serão fundamentais ao longo de suas trajetórias educacionais e profissionais.

Abordagem interdisciplinar

A abordagem interdisciplinar integra a matemática com outros componente curriculares, como Ciências, Artes, Linguagem e Estudos Sociais. Ela busca destacar as conexões entre os diferentes campos do conhecimento, mostrando como a Matemática é aplicada em várias áreas da vida. Isso ajuda os alunos a verem a Matemática como uma ferramenta transversal e a compreenderem sua importância em diferentes contextos.

Abordagem baseada em tecnologia

Com o uso cada vez mais generalizado da tecnologia, essa abordagem busca incorporar ferramentas digitais, como softwares de Matemática, aplicativos interativos e recursos on-line, no processo de ensino e aprendizagem da Matemática. A tecnologia pode oferecer oportunidades de exploração, visualização e simulação, além de fornecer feedback imediato aos alunos. Ela também pode ser usada para promover a colaboração e a comunicação entre os alunos.

A tecnologia educacional, também conhecida como EdTech, refere-se ao uso de recursos tecnológicos no contexto educacional para apoiar e aprimorar a aprendizagem dos alunos. No ensino da Matemática, a tecnologia educacional desempenha um papel importante ao oferecer ferramentas interativas, recursos digitais e aplicativos que proporcionam novas oportunidades de engajamento, exploração e compreensão dos conceitos matemáticos.

Aqui estão alguns aspectos importantes sobre o uso da tecnologia educacional no ensino da Matemática:

1. Acesso a recursos e informações: a tecnologia educacional oferece acesso rápido e fácil a uma ampla variedade de recursos e informações relacionados à Matemática. Os alunos podem utilizar a internet para pesquisar conceitos matemáticos, assistir a vídeos explicativos, acessar tutoriais e encontrar exemplos práticos. Isso amplia suas possibilidades de aprendizado e os ajuda a explorar diferentes abordagens e perspectivas sobre os conceitos matemáticos.

2. Interatividade e personalização: a tecnologia educacional permite que os alunos interajam de forma mais ativa e personalizada com os conteúdos matemáticos. Os aplicativos e plataformas digitais oferecem atividades interativas, jogos educativos e simulações que permitem aos alunos explorar e praticar os conceitos matemáticos de maneira dinâmica e envolvente. Além disso, a tecnologia educacional pode ser adaptada para atender às necessidades individuais dos

alunos, oferecendo suporte personalizado, desafios adicionais ou conteúdos complementares.

3. Visualização e representação visual: a tecnologia educacional oferece ferramentas visuais que ajudam os alunos a visualizar e compreender conceitos matemáticos complexos. Gráficos interativos, representações geométricas em 3D, diagramas e modelos virtuais permitem que os alunos vejam as relações matemáticas de forma mais clara e concreta. Isso facilita a compreensão de conceitos abstratos, como funções, geometria espacial e representação de dados.

4. Feedback imediato: a tecnologia educacional permite que os alunos recebam feedback imediato sobre seu desempenho matemático. Os aplicativos e plataformas digitais fornecem correções automáticas, pontuações e comentários em tempo real, o que ajuda os alunos a monitorar seu progresso, identificar áreas de melhoria e corrigir erros. O feedback imediato promove a autorreflexão e permite que os alunos ajustem suas estratégias de aprendizado.

5. Colaboração e compartilhamento: a tecnologia educacional facilita a colaboração entre os alunos, permitindo que eles trabalhem juntos em projetos matemáticos, resolvam problemas em grupo e compartilhem ideias e resultados. Plataformas de aprendizagem on-line, fóruns de discussão e ferramentas de compartilhamento permitem que os alunos se comuniquem, colaborem e aprendam uns com os outros, mesmo à distância. Isso promove a aprendizagem social e o desenvolvimento de habilidades de trabalho em equipe.

6. Acesso à Matemática do mundo real: a tecnologia educacional oferece oportunidades para os alunos aplicarem conceitos matemáticos em situações reais e práticas. Por meio de simulações, aplicativos de finanças pessoais, jogos de estratégia ou aplicativos de resolução de problemas, os alunos podem explorar a aplicação da Matemática em contextos do mundo real. Isso ajuda a criar uma conexão

entre a Matemática e a vida cotidiana dos alunos, mostrando sua relevância e utilidade.

Ao utilizar a tecnologia educacional no ensino da Matemática, os educadores podem enriquecer a experiência de aprendizagem dos alunos, promover o engajamento, fornecer feedback individualizado e ampliar as possibilidades de exploração e compreensão dos conceitos matemáticos. No entanto, é importante que a tecnologia seja utilizada de maneira equilibrada e adequada às necessidades e objetivos de aprendizagem dos alunos, sempre mantendo um equilíbrio entre o uso da tecnologia e as interações pessoais.

Abordagem baseada em competências

Nessa abordagem, o foco é no desenvolvimento de competências matemáticas essenciais. Os alunos são incentivados a desenvolver habilidades como resolução de problemas, pensamento crítico, raciocínio lógico, comunicação matemática e fluência numérica. A abordagem baseada em competências enfatiza a aplicação prática dessas habilidades em diferentes situações, preparando os alunos para lidar com desafios matemáticos do mundo real.

Essas teorias e abordagens de ensino da Matemática oferecem aos educadores uma variedade de ferramentas e estratégias para promover a aprendizagem significativa e envolvente dos alunos. Cada abordagem tem suas características específicas, e os educadores podem combinar diferentes elementos para atender às necessidades dos alunos e aos objetivos de aprendizagem. A escolha da abordagem dependerá do contexto educacional, dos objetivos de ensino e das características dos alunos.

Diversos estudiosos contribuíram para o desenvolvimento e a aplicação das teorias e abordagens de ensino da Matemática. Caso deseje aprofundar seus estudos, a seguir estão alguns dos estudiosos mais influentes nas teorias mencionadas:

1. Construtivismo: Jean Piaget, Lev Vygotsky, Seymour Papert.

2. Aprendizagem baseada em problemas: Howard Barrows, Barak Rosenshine, John Dewey.

3. Modelagem matemática: Hans Freudenthal, Dan Meyer, Peter Sullivan.

4. Abordagem manipulativa: Jerome Bruner, Zoltan Dienes, Maria Montessori.

5. Aprendizagem cooperativa: David Johnson, Roger Johnson, Elizabeth Cohen.

6. Abordagem contextualizada: Marilyn Burns, Jo Boaler, Cathy Fosnot.

7. Abordagem investigativa: George Pólya, Realistic Mathematics Education (RME), Thomas Carpenter.

8. Abordagem baseada em jogos: Seymour Papert, James Paul Gee, Keith Devlin.

9. Abordagem diferenciada: Carol Ann Tomlinson, Howard Gardner, Robert Sternberg.

10. Abordagem de resolução de problemas em etapas: George Polya, Alan Schoenfeld, Thomas Carpenter.

11. Abordagem baseada na História da Matemática: Morris Kline, Eli Maor, Frank Swetz.

12. Abordagem interdisciplinar: Peter L. Galbraith, Richard Noss, Kaye Stacey.

13. Abordagem baseada em tecnologia: Jonassen, Mishra & Koehler, TPACK (Technological Pedagogical Content Knowledge).

14. Abordagem baseada em competências: National Council of Teachers of Mathematics (NCTM), OECD, Common Core State Standards.

15. Abordagem baseada em investigação: Malcolm Swan, Lyn English, Juan Pablo Mejía-Ramos.

Esses estudiosos têm contribuído com teorias, pesquisas e práticas inovadoras no campo da educação matemática, fornecendo insights valiosos sobre como ensinar Matemática de maneira eficaz e significativa. É importante destacar que a lista anterior não é exaustiva e existem outros estudiosos que também têm contribuído para essas abordagens.

METODOLOGIAS ATIVAS E A NUMERACIA

As metodologias ativas são abordagens de ensino que colocam o aluno como protagonista de sua própria aprendizagem. Elas são especialmente benéficas para os anos iniciais, pois ajudam a despertar o interesse e o envolvimento dos alunos com a Matemática desde cedo. Aqui estão algumas metodologias ativas que podem ser utilizadas na numeracia em anos iniciais:

1. **Aprendizagem Baseada em Projetos**: Nessa abordagem, os alunos são desafiados a investigar e resolver problemas matemáticos reais ou fictícios por meio de projetos práticos e contextualizados e em geral é feita uma construção de algo. Por exemplo, os alunos podem criar um jardim com diferentes formas geométricas e realizar medições de área e perímetro, ou podem planejar uma festa de aniversário e trabalhar com noções de quantidade, adição e subtração. Os projetos incentivam a aplicação dos conceitos matemáticos em situações do cotidiano, promovendo a compreensão e o interesse pela Matemática.

   Exemplo: projeto Supermercado Matemático. Objetivo: aplicar conceitos matemáticos em um contexto real e desenvolver habilidades de numeração e operações básicas. Descrição: os alunos são convidados a criar um supermercado fictício em sala de aula. Eles devem definir preços para diferentes produtos, criar etiquetas de preço e simular compras e vendas. Os alunos exploram conceitos de adição, subtração e multiplicação ao calcular o total de compras, dar troco e gerenciar estoques. O projeto incentiva o desenvolvimento da compreensão numérica e a aplicação prática da Matemática.

2. **Jogos Matemáticos (Gamificação)**: os jogos são recursos eficazes para engajar os alunos na numeracia. Jogos como dominó, memória matemática, bingo de adição e subtra-

ção, e quebra-cabeças numéricos podem ser utilizados para desenvolver habilidades básicas de cálculo, resolução de problemas e raciocínio lógico. Os jogos matemáticos tornam o aprendizado divertido e desafiador, além de promoverem a interação entre os alunos.

Exemplo: jogo Corrida dos Números. Objetivo: praticar habilidades de contagem, reconhecimento de números e noções de sequência numérica. Descrição: os alunos se organizam em equipes e recebem uma trilha numérica desenhada no chão ou em um tapete. Cada equipe recebe um dado e, em cada turno, um jogador rola o dado e avança no percurso. Eles devem falar em voz alta o número em que chegaram e identificar o número seguinte na sequência. O objetivo é chegar ao fim da trilha numérica primeiro. O jogo desenvolve habilidades de contagem, reconhecimento de números e noções de ordem e sequência.

3. **Resolução de Problemas**: a resolução de problemas é uma metodologia ativa fundamental para desenvolver habilidades matemáticas em anos iniciais. Os professores podem apresentar problemas desafiadores que exigem que os alunos apliquem estratégias de pensamento lógico e desenvolvam habilidades de solução de problemas. É importante incentivar os alunos a expressar suas ideias e raciocínio durante o processo de resolução, seja por meio de desenhos, manipulativos ou explicações verbais. Isso ajuda a desenvolver a capacidade de comunicação matemática e o pensamento crítico.

Exemplo: problema Festa de Aniversário. Objetivo: desenvolver habilidades de resolução de problemas, raciocínio lógico e noções de tempo. Descrição: os alunos são desafiados a planejar uma festa de aniversário fictícia. Eles devem determinar o número de convidados, calcular a quantidade de comida e bebida necessária e organizar as atividades. Os alunos também podem trabalhar com noções de tempo, como planejar a hora de início e fim da festa e estimar a duração das atividades. O problema estimula a aplicação de conceitos matemáticos em situações reais e desenvolve habilidades de resolução de problemas.

4. **A Sala de Aula Invertida**: também conhecida como *Flipped Classroom*, é uma abordagem pedagógica em que o processo de aprendizagem é reorganizado, transferindo a transmissão de conteúdo tradicionalmente realizada em sala de aula para fora dela, por meio de materiais pré-gravados, como vídeos, podcasts ou leituras. Os alunos têm acesso antecipado a esses recursos e se preparam antes da aula presencial. Na aula presencial, o tempo é dedicado principalmente a atividades práticas, discussões em grupo, resolução de problemas e aprofundamento dos conceitos apresentados nos materiais pré-gravados. O professor atua como facilitador e orientador, fornecendo suporte individualizado aos alunos e esclarecendo dúvidas.

   Exemplo: em uma aula de Matemática, o professor pode gravar um vídeo explicando um novo conceito matemático. Os alunos assistem ao vídeo em casa e podem revisar quantas vezes for necessário até compreender o conteúdo. Na aula presencial, o professor organiza atividades práticas em grupos, como resolver problemas relacionados àquele conceito e propor desafios que apliquem a equação linear em diferentes contextos. Os alunos trabalham juntos, discutem suas ideias e recebem o suporte do professor conforme avançam na resolução dos problemas. Dessa forma, o tempo em sala de aula é otimizado para a aplicação prática dos conhecimentos, e os alunos têm a oportunidade de interagir mais ativamente com o conteúdo e com seus colegas.

5. *Design Thinking*: é uma abordagem criativa e colaborativa que visa encontrar soluções inovadoras para problemas complexos pensando nas pessoas. Essa metodologia enfatiza a compreensão profunda das necessidades e desejos dos usuários finais, a geração de ideias diversas e a iteração

contínua para chegar a uma solução eficaz. É um processo que incentiva a empatia, a colaboração e o pensamento criativo, permitindo que equipes multidisciplinares trabalhem juntas para encontrar soluções que atendam às necessidades reais das pessoas.

Exemplo: o professor propõe uma atividade de Design Thinking para alunos do primeiro ano com o objetivo de criar um jogo de cartas para praticar habilidades numéricas básicas, como reconhecimento de números e contagem. Os alunos são divididos em grupos pequenos e têm a tarefa de projetar um jogo de cartas que ajude os jogadores a identificar números e contar de forma divertida. O processo de Design Thinking começa com a imersão, em que os alunos participam de atividades lúdicas para reforçar o reconhecimento de números e a contagem. Eles também investigam jogos de cartas existentes para crianças dessa idade. Na fase de ideação, os grupos geram várias ideias para o jogo, considerando o uso de imagens, cores e símbolos que facilitem a associação dos números e a contagem. Eles também pensam em regras simples para tornar o jogo acessível às crianças do primeiro ano. Na fase de prototipagem, os grupos criam um protótipo das cartas do jogo, usando materiais coloridos e ilustrações atrativas para representar os números. Eles testam o jogo com colegas de outras turmas para verificar a eficácia das cartas e a compreensão das regras. Por fim, os alunos entram na fase de implementação, na qual refinam e finalizam as cartas do jogo, criando uma versão mais elaborada e colorida. Eles também preparam uma breve apresentação para demonstrar o jogo para a turma, explicando como as cartas ajudam na identificação dos números e no aprendizado da contagem.

6. **Aprendizagem Cooperativa** *(Team-Based Learning)*: A aprendizagem cooperativa envolve a realização de atividades matemáticas em grupos, em que os alunos trabalham em equipe para resolver problemas, discutir estratégias e com-

partilhar conhecimentos. Essa abordagem promove o trabalho em equipe, a comunicação matemática e a colaboração entre os alunos. Por exemplo, os alunos podem formar grupos para resolver problemas matemáticos, nos quais cada membro do grupo contribui com suas ideias e conhecimentos.

Exemplo: atividade de resolução de problemas em pares. Objetivo: estimular a colaboração, a comunicação matemática e o raciocínio lógico. Descrição: os alunos trabalham em pares e recebem um problema matemático desafiador para resolver. Cada par discute o problema, compartilha ideias, estratégias e cálculos, e trabalha em conjunto para encontrar uma solução. A atividade promove a comunicação matemática, o trabalho em equipe e o desenvolvimento do raciocínio lógico. Os alunos aprendem a expressar suas ideias matemáticas, argumentar e justificar suas respostas.

Ao aplicar metodologias ativas na numeracia para anos iniciais, os educadores tornam o ensino de Matemática mais envolvente e significativo. Ao serem incorporadas abordagens como o ensino contextualizado, investigativo e diferenciado, os alunos são incentivados a explorar e aplicar a Matemática em situações reais, desenvolvendo habilidades essenciais e um interesse duradouro pela disciplina. Utilizando recursos interativos, jogos e tecnologia educacional, os professores despertam a curiosidade dos alunos e promovem habilidades socioemocionais, preparando-os não apenas academicamente, mas também como cidadãos críticos e participativos no mundo moderno. Essas estratégias criam um ambiente dinâmico e desafiador, proporcionando aos alunos uma base sólida para o sucesso acadêmico e pessoal ao longo da vida.

DESENVOLVIMENTO COGNITIVO E MATEMÁTICO DAS CRIANÇAS

Desde muito pequenas, as crianças começam a desenvolver habilidades cognitivas que são essenciais para a construção do conhecimento matemático. À medida que avançam em seu desenvolvimento cognitivo, elas adquirem uma compreensão mais profunda dos conceitos matemáticos e desenvolvem habilidades de raciocínio lógico e resolução de problemas.

De acordo com a teoria do desenvolvimento cognitivo proposta por Jean Piaget[10], as crianças passam por estágios distintos de desenvolvimento à medida que constroem seu conhecimento sobre o mundo.

- **Sensório-motor:** no estágio sensório-motor, já aos seis meses de idade, as crianças demonstram um notável progresso em sua percepção das quantidades. Nessa fase do desenvolvimento, elas começam a discernir a diferença entre pequenos conjuntos de elementos com quantidades diferentes. Por exemplo, ao serem apresentadas a dois potes lado a lado, uma criança de seis meses pode notar a distinção entre um pote contendo dois doces e outro com três doces.

- **Pré-operatório:** no estágio pré-operatório, que ocorre dos dois aos sete anos de idade, as crianças começam a desenvolver habilidades simbólicas e representacionais. Isso significa que elas são capazes de atribuir significado a números, símbolos e representações matemáticas, como desenhos e diagramas simples. Durante esse estágio, as crianças podem começar a contar e associar números a quantidades, dando os primeiros passos em direção ao desenvolvimento numérico. Podemos dizer que as crianças aprendem Matemática com a mesma facilidade com que aprendem a conversar.

---

[10] PIAGET, J. *Lógica e conhecimento científico*. v. 1. Porto: Livraria Civilização-Editora, 1980.

- **Operações concretas**: à medida que as crianças avançam para o estágio operatório-concreto, por volta dos oito aos 11 anos de idade, seu pensamento se torna mais lógico e organizado. Nesse estágio, elas são capazes de realizar operações mentais concretas e compreender conceitos matemáticos mais complexos, como a conservação de quantidade, a noção de espaço e a classificação. O desenvolvimento cognitivo durante esse estágio proporciona às crianças uma base sólida para a aprendizagem de conceitos matemáticos mais avançados nos estágios posteriores.

- **Operatório formal:** (de 11 ou 12 anos em diante) as crianças desenvolvem habilidades cognitivas avançadas que têm um impacto significativo na compreensão e no desenvolvimento dos conceitos matemáticos. Nesse estágio, as crianças são capazes de pensar de forma mais abstrata, lógica e sistemática, o que lhes permite lidar com conceitos matemáticos mais complexos.

Vygotsky, um psicólogo bielo-russo do século 20, desenvolveu uma teoria do desenvolvimento cognitivo que tem implicações importantes para a numeracia. Sua abordagem socioconstrutivista destaca que o conhecimento é construído socialmente, por meio de interações com outros indivíduos mais experientes, especialmente professores e colegas. Essa teoria sugere que a aprendizagem matemática é mais eficaz quando os alunos são estimulados a participar ativamente, colaborar com seus pares e explorar conceitos numéricos em um contexto significativo.

Vygotsky[11] afirma que "O ponto de partida dessa discussão é o fato de que o aprendizado das crianças começa muito antes de elas frequentarem a escola".

Apesar das diferenças em suas abordagens, tanto Lev Vygotsky quanto Jean Piaget concordam que o desenvolvimento cognitivo é fundamentalmente influenciado pelas interações do indivíduo

---

[11] VYGOTSKY, L. S. *A formação social da mente: o desenvolvimento dos processos psicológicos superiores.* 6. ed. Tradução de José Cipolla Neto. São Paulo: Martins Fontes, 1998. p. 110.

com o ambiente. Ambos os teóricos enfatizam que a inteligência e o conhecimento são construídos a partir dessas relações recíprocas entre o indivíduo e o meio.

Nesse sentido, é importante reconhecer que o desenvolvimento cognitivo e matemático das crianças é influenciado por uma variedade de fatores, incluindo interações sociais, ambiente educacional, acesso a recursos matemáticos e qualidade da instrução. Os educadores e os pais desempenham um papel crucial ao fornecer um ambiente estimulante e desafiador que promova esse desenvolvimento.

Ao compreender o funcionamento do desenvolvimento cognitivo e matemático das crianças, os educadores e os pais podem adaptar suas abordagens de ensino, fornece atividades apropriadas e criar um ambiente propício ao crescimento intelectual.

No início do processo de aprendizado em Matemática, as crianças começam a explorar o mundo dos números, aprendendo a contar e associar os números a quantidades concretas. Por meio de experiências práticas e interações com objetos, elas desenvolvem uma compreensão inicial dos conceitos matemáticos básicos, como adição e subtração.

Com o passar do tempo, à medida que as crianças continuam a se envolver com atividades matemáticas, sua compreensão numérica se aprofunda. Elas começam a reconhecer padrões e relações entre os números, como a sequência numérica e o valor posicional dos algarismos.

A percepção dos números de forma intuitiva possibilita às crianças a compreensão visual de que um conjunto designado como "dois" possui mais objetos do que um conjunto chamado de "um", e que um conjunto rotulado como "três" contém mais objetos do que um conjunto intitulado como "dois". Essa compreensão ordinal básica dos números é um marco importante, pois auxilia as crianças a entenderem que a ordem dos nomes dos números é relevante durante a contagem, conhecido como o princípio de ordem estável. Ademais, elas percebem que a sequência dos nomes dos números (um, dois, três...) representa conjuntos cada vez maiores.

Conforme a criança se familiariza com a sequência da contagem, ela desenvolve a habilidade de iniciar a contagem a partir de qualquer ponto na sequência e, com segurança, identificar o nome do número seguinte na ordem, utilizando a habilidade do número seguinte. Esse avanço na capacidade de reconhecer e antecipar os números seguintes na sequência é importante para o aprimoramento da contagem e da compreensão das relações numéricas. Com o progresso contínuo em suas habilidades matemáticas, as crianças adquirem a capacidade de resolver problemas aritméticos simples e começam a explorar a multiplicação e a divisão.

Essas habilidades são fundamentais para a compreensão dos princípios fundamentais da Matemática, capacitando as crianças a resolverem problemas de forma prática e eficiente. À medida que avançam nessas etapas, elas começam a desenvolver uma compreensão mais profunda dos números e suas aplicações no dia a dia, que as preparam para enfrentar desafios matemáticos com solidez e confiança. A Matemática se torna uma ferramenta poderosa para a resolução de situações reais, permitindo que as crianças explorem o mundo ao seu redor de maneira mais informada e crítica.

Segundo Baroody[12]:

> [...] o ensino precoce não significa impor conhecimentos às crianças em idade pré-escolar, treinando-as com cartões pedagógicos, ou fazendo-as decorar operações aritméticas. O estímulo à percepção dos números e ao domínio das operações deveria estar focado em ajudar as crianças a descobrirem os padrões e as relações e em estimulá-las a inventar suas próprias estratégias de raciocínio.

Conforme apontado por Baroody na figura a seguir, é possível observar o desenvolvimento sequencial das capacidades relacionadas ao reconhecimento numérico e às operações fundamentais da Matemática durante a primeira infância.

---

[12] BAROODY, A. J. (1987). Children's mathematical thinking: A developmental framework for preschool, primary, and special education teachers. *Enciclopédia sobre o Desenvolvimento na Primeira Infância* [on-line]. New York: Teachers College Press. Julho 2010. Disponível em: https://www.enciclopedia-crianca.com/operacoes-com-numeros/segundo-especialistas/promover-o-ensino-precoce-das-operacoes-numericas-nas. Acesso em: 10 ago. 2023.

Trajetória de aprendizado de alguns conceitos e habilidades-chave sobre números, contagem e aritmética.

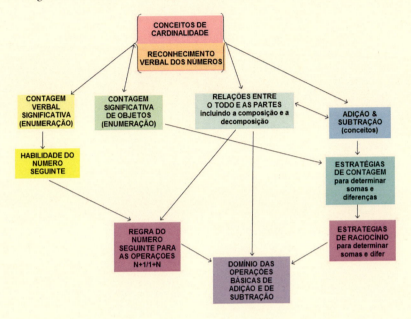

De forma resumida podemos organizar dessa forma:

- O desenvolvimento cognitivo e matemático das crianças é interligado e desempenha um papel fundamental em sua formação acadêmica.

- Jean Piaget propôs estágios de desenvolvimento cognitivo, nos quais as crianças constroem seu conhecimento sobre o mundo.

- No estágio pré-operacional, as crianças desenvolvem habilidades simbólicas e representacionais, permitindo-lhes atribuir significado a números e símbolos matemáticos.

- No estágio das operações concretas, as crianças adquirem habilidades de raciocínio lógico e compreendem conceitos matemáticos mais complexos, como conservação de quantidade e noção de espaço.

- O desenvolvimento numérico ocorre à medida que as crianças aprendem a contar, associar números a quantidades e compreender conceitos matemáticos como adição, subtração, multiplicação e divisão.

- O desenvolvimento cognitivo e matemático é influenciado por fatores como interações sociais, ambiente educacional, acesso a recursos matemáticos e qualidade da instrução.

- Educadores e pais desempenham um papel crucial ao fornecer um ambiente estimulante e desafiador para promover o desenvolvimento cognitivo e matemático das crianças.

- Um desenvolvimento cognitivo e matemático sólido prepara as crianças para enfrentar desafios acadêmicos e desenvolver uma apreciação duradoura pela Matemática. Além disso, as relações sociais e a interação com os outros, conforme proposto por Vygotsky (1998), também desempenham um papel importante no processo de desenvolvimento cognitivo e matemático das crianças.

ESTILOS DE APRENDIZAGEM MATEMÁTICA

Os estilos de aprendizagem referem-se às preferências e maneiras individuais pelas quais as pessoas aprendem melhor. Embora não existam estilos de aprendizagem específicos voltados exclusivamente para a Matemática, os estilos de aprendizagem em geral podem influenciar a forma como os alunos abordam e assimilam conceitos matemáticos. Alguns estilos de aprendizagem que podem ser relevantes para a aprendizagem da matemática são:

1. **Visual**: os alunos que têm um estilo de aprendizagem visual aprendem melhor por meio de imagens, gráficos e representações visuais. Eles podem se beneficiar de diagramas, tabelas e desenhos para compreender conceitos matemáticos.

   - Utilizar gráficos, diagramas e tabelas para representar dados e conceitos matemáticos.

   - Utilizar cores diferentes para destacar informações importantes em problemas matemáticos.

   - Apresentar modelos visuais de figuras geométricas para ajudar os alunos a compreender suas propriedades.

2. **Auditivo**: os alunos com estilo de aprendizagem auditivo aprendem melhor ouvindo informações e explicação verbal. Eles podem se beneficiar de explicações orais, discussões em grupo e falar sobre os conceitos matemáticos em voz alta.

   - Explicar verbalmente conceitos matemáticos em sala de aula.

   - Realizar discussões em grupo para que os alunos possam compartilhar ideias e explicações verbalmente.

   - Usar histórias e narrações para apresentar problemas matemáticos.

3. **Cinestésico**: os alunos cinestésicos aprendem melhor por meio de experiências práticas e atividades físicas. Na Matemática, eles podem se beneficiar de manipulativos, jogos e atividades práticas para entender conceitos numéricos e geométricos.

- Utilizar manipulativos, como blocos e peças geométricas, para ensinar conceitos matemáticos.

- Realizar atividades práticas, como medir objetos reais ou resolver problemas do mundo real.

- Promover jogos e atividades que envolvam movimento, como jogos de tabuleiro matemáticos ou atividades de contagem com movimento.

4. **Lógico-Matemático**: esse estilo de aprendizagem está relacionado a uma afinidade natural com a lógica, padrões e sequências. Os alunos com esse estilo podem ter facilidade em compreender a Matemática devido à sua capacidade de identificar relações e resolver problemas de forma sistemática.

- Desafiar os alunos com quebra-cabeças lógicos e problemas matemáticos complexos.

- Ensinar padrões e sequências numéricas para ajudar os alunos a desenvolver sua habilidade de identificar relações lógicas.

- Explorar conexões matemáticas entre diferentes conceitos para promover o pensamento analítico.

5. **Social**: os alunos com estilo de aprendizagem social preferem aprender em grupo e por meio de interações com os outros. Eles podem se beneficiar trabalhando em atividades matemáticas colaborativas e discutindo conceitos com os colegas.

- Desafiar os alunos com quebra-cabeças lógicos e problemas matemáticos complexos.

- Ensinar padrões e sequências numéricas para ajudar os alunos a desenvolver sua habilidade de identificar relações lógicas.

- Explorar conexões matemáticas entre diferentes conceitos para promover o pensamento analítico.

Cada aluno possui uma combinação única de estilos de aprendizagem, e os educadores devem adaptar suas abordagens de ensino para atender às diferentes necessidades e preferências dos estudantes, promovendo uma aprendizagem significativa e eficaz da Matemática. Além disso, a diversidade de estratégias pedagógicas pode ajudar a criar um ambiente inclusivo e enriquecedor para todos os alunos, independentemente de seus estilos de aprendizagem.

DESENVOLVIMENTO DE HABILIDADES NUMÉRICAS

O desenvolvimento de habilidades numéricas é um processo gradual em que os alunos adquirem e aprimoram suas habilidades para trabalhar com números e realizar cálculos matemáticos. Esse desenvolvimento ocorre ao longo do tempo e envolve uma progressão contínua, desde a compreensão básica dos números até a aplicação de conceitos mais complexos.

Contagem e reconhecimento de números

Nesta fase inicial, as crianças estão aprendendo os conceitos básicos dos números. Elas desenvolvem a capacidade de contar objetos de maneira sequencial e são expostas aos símbolos numéricos. Durante esse estágio, é importante que as crianças pratiquem a contagem oral e manipulem objetos físicos para construir uma base sólida de compreensão numérica.

- Exemplo de atividade: contagem de objetos em uma sala de aula.
- Objetivos:
  - Contar sequencialmente de forma precisa.
  - Associar números às quantidades correspondentes.
  - Reconhecer e nomear os números.

Comparação e ordenação

À medida que as crianças progridem, elas começam a comparar e ordenar números. Elas aprendem a reconhecer números maiores e menores, identificar igualdades e desigualdades, e colocar números em sequência crescente ou decrescente. Atividades que envolvem classificar objetos por tamanho ou quantidade são úteis nessa fase, ajudando as crianças a desenvolverem o conceito de ordem numérica.

- Exemplo de atividade: classificar uma lista de números em ordem crescente.

- Objetivos:
  - Comparar números e identificar o maior e o menor.
  - Colocar os números em ordem crescente ou decrescente.
  - Identificar igualdades e desigualdades numéricas.

Compreensão de valor posicional

Neste estágio, as crianças começam a entender o sistema de valor posicional, que é a base do sistema numérico decimal. Elas aprendem que o valor de um dígito em um número depende da posição que ele ocupa. Por exemplo, no número 365, o 3 representa 300 (3 centenas), o 6 representa 60 (6 dezenas) e o 5 representa 5 unidades. É importante que as crianças tenham a oportunidade de manipular materiais concretos, como blocos de base 10, para desenvolver uma compreensão visual desse conceito.

- Exemplo de atividade: construir um número usando blocos de base 10 (Material Dourado).

- Objetivos:
  - Compreender o valor posicional dos dígitos em um número.
  - Identificar o valor de cada dígito com base em sua posição.
  - Representar números usando blocos de base 10.

Operações básicas

À medida que as crianças progridem, elas começam a desenvolver habilidades nas operações básicas de adição, subtração, multiplicação e divisão. Elas aprendem estratégias de cálculo, como contagem, decomposição, agrupamento e desagrupamento, para resolver problemas matemáticos. É importante que as crianças tenham prática suficiente nessas operações e tenham a oportunidade de aplicá-las em diferentes contextos.

- Exemplo de atividade: resolver problemas de adição e subtração usando objetos manipulativos.

- Objetivos:

  - Aplicar estratégias de cálculo, como contar, agrupar e desagrupar, para resolver problemas de adição e subtração.

  - Compreender os conceitos de adição (combinação) e subtração (diferença).

  - Resolver problemas matemáticos envolvendo adição e subtração.

Estimativa e arredondamento

Nesse estágio, as crianças desenvolvem habilidades de estimativa e arredondamento. Elas aprendem a fazer aproximações dos números para facilitar cálculos mentais e tomada de decisões rápidas. A habilidade de estimativa é útil em situações do mundo real, em que cálculos precisos podem não ser necessários, mas uma resposta aproximada é suficiente. As crianças também aprendem a arredondar números para valores mais simples, como dezenas ou centenas, para facilitar cálculos e compreensão de magnitude.

- Exemplo de atividade: estimar a resposta para um cálculo antes de fazer o cálculo exato.

- Objetivos:

  - Fazer estimativas rápidas e razoáveis para cálculos matemáticos.

  - Arredondar números para valores mais simples para facilitar o cálculo.

  - Utilizar estimativas para verificar a razoabilidade de respostas calculadas.

Raciocínio proporcional

À medida que avançam para níveis mais complexos, as crianças desenvolvem habilidades de raciocínio proporcional. Elas aprendem a entender e resolver problemas que envolvem proporções e razões. Essas habilidades permitem que as crianças façam conexões entre diferentes quantidades e estabeleçam relações proporcionais entre elas. Isso é fundamental para a compreensão de conceitos matemáticos mais complexos, como frações e porcentagens.

- Exemplo de atividade: estimar a resposta para um cálculo antes de fazer o cálculo exato.

- Objetivos:

  - Fazer estimativas rápidas e razoáveis para cálculos matemáticos.

  - Arredondar números para valores mais simples para facilitar o cálculo.

  - Utilizar estimativas para verificar a razoabilidade de respostas calculadas.

Cálculo mental e estratégias avançadas

Nessa fase, os alunos desenvolvem habilidades de cálculo mental rápido e eficiente. Eles aprendem estratégias avançadas, como decomposição numérica, compensação, uso de propriedades matemáticas e estimativa para realizar cálculos complexos. Essas estratégias permitem que os alunos resolvam problemas de forma mais eficiente e desenvolvam uma maior fluência numérica.

- Exemplo de atividade: resolver cálculos mentais rapidamente usando estratégias de decomposição e composição.

- Objetivos:

  - Desenvolver habilidades de cálculo mental rápido e eficiente.

- Aplicar estratégias avançadas, como decomposição numérica, compensação e uso de propriedades matemáticas.

- Resolver problemas matemáticos de forma eficiente e precisa.

Aplicação em contextos do mundo real

No estágio final, os alunos aplicam suas habilidades numéricas em situações práticas do mundo real. Eles são capazes de resolver problemas matemáticos em contextos como finanças pessoais, medições, análise de dados e questões do cotidiano. Essa aplicação em contextos reais permite que os alunos vejam a Matemática como uma ferramenta útil e relevante em suas vidas, fortalecendo sua motivação e compreensão dos conceitos numéricos.

- Exemplo de atividade: planejar um orçamento mensal usando conceitos matemáticos de adição, subtração e porcentagens.

- Objetivos:

  - Aplicar habilidades numéricas em situações práticas da vida cotidiana.

  - Resolver problemas financeiros e de medição usando conceitos matemáticos.

  - Compreender a importância e a relevância da matemática em contextos do mundo real.

É importante lembrar que o desenvolvimento de habilidades numéricas é progressivo e varia de acordo com o ritmo e o estágio de desenvolvimento individual de cada aluno. Os educadores desempenham um papel fundamental ao fornecer uma variedade de atividades, estratégias e oportunidades de prática para apoiar o desenvolvimento contínuo das habilidades numéricas dos alunos.

Exemplos de atividades matemáticas

Muitas vezes, o ensino tradicional de Matemática pode parecer desafiador ou pouco interessante para os alunos. Nesse contexto, a adoção de atividades matemáticas diversificadas e atrativas pode se tornar uma valiosa ferramenta para tornar o aprendizado mais lúdico, significativo e motivador.

Neste sentido, apresentaremos uma seleção de atividades matemáticas práticas e estimulantes, adequadas para crianças até oito anos de idade. Cada atividade tem como objetivo promover o raciocínio lógico, o desenvolvimento das habilidades numéricas e a resolução de problemas, tudo de forma interativa e envolvente. Ao incorporar tais atividades em sala de aula, os educadores podem oferecer aos seus alunos um ambiente propício para a exploração, a descoberta e a consolidação dos conceitos matemáticos, garantindo uma base sólida para o aprendizado contínuo e bem-sucedido ao longo da vida.

1. Quebra-cabeças numéricos:

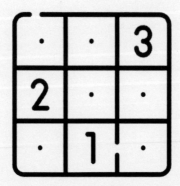

Os alunos preenchem uma grade com números de forma que cada linha e coluna some um valor específico. Objetivos: desenvolver habilidades de raciocínio lógico, padrões numéricos e resolução de problemas.

2. Jogo de cartas Fazendo 10:

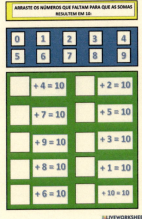

Os alunos combinam cartas de número de forma a totalizar 10. Por exemplo, eles podem combinar uma carta com o número quatro e outra com o número seis. Objetivos: praticar habilidades de adição, composição e decomposição numérica.

3. Jogo de memória matemático:

Os alunos jogam um jogo de memória em que precisam combinar pares de cartas que tenham correspondência numérica, como um cartão com a equação 2 + 3 e outro com o número 5. Objetivos: desenvolver habilidades de correspondência numérica, concentração e memória.

4. Atividade de contagem de objetos: os alunos contam objetos em uma imagem ou em sala de aula e registram a quantidade por estimativa e depois fazem a contagem correta. Objetivos: desenvolver habilidades de contagem, reconhecimento numérico e estimativas.

5. Jogo de dados para adição: os alunos rolam dois dados, somam os números e registram o resultado. O objetivo é alcançar a maior soma possível. Objetivos: praticar habilidades de adição, estimativa numérica e estratégias de contagem.

6. Construção de gráficos: os alunos coletam dados e constroem gráficos de barras ou gráficos de setores para representar visualmente as informações. Objetivos: desenvolver habilidades de coleta de dados, organização, interpretação e representação gráfica.

Podemos ver um exemplo retirado do Caderno 7 do PNA[13]IC.

Fonte: Pnaic_MAT_Caderno 7, p. 14

---

[13] PACTO Nacional pela Alfabetização na Idade Certa: Apresentação / Ministério da Educação, Secretaria de Educação Básica, Diretoria de Apoio à Gestão Educacional. Brasília: MEC, SEB, 2014

Nesse exemplo, as crianças podem receber retângulos e "colar" na coluna acima do animal preferido, tomando os devidos cuidados para não danificar o quadro com colas não laváveis.

Fonte: Pnaic_MAT_Caderno 7, p. 24

Em uma situação em que se deseja um gráfico de meninos e meninas, pode-se colocar as crianças em roda, fazendo um círculo no centro da roda e unindo as extremidades. Com várias tampinhas de garrafa, estabelece-se que cada tampinha equivale a duas crianças e faz-se uma roda com as tampinhas.

7. Jogo de tabuleiro matemático: os alunos jogam um jogo de tabuleiro em que precisam responder a perguntas matemáticas corretamente para avançar. Objetivos: revisar e reforçar conceitos matemáticos variados, incentivar a participação ativa e promover o pensamento estratégico.

8. Quebra-cabeça de padrões: os alunos identificam o padrão em uma sequência numérica ou de formas e preenchem o próximo elemento do padrão. Objetivos: desenvolver habilidades de reconhecimento de padrões, previsão e generalização.

9. Atividade de medidas: os alunos medem objetos usando unidades não padronizadas, como palitos, e registram suas observações. Objetivos: desenvolver habilidades de medição, compreensão das unidades de medida e estimativa.

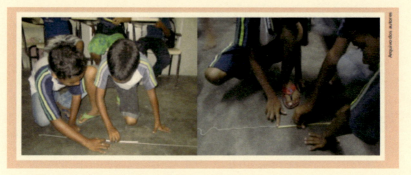

Fonte: Pnaic_MAT_Caderno 6, p. 9

10. Problemas do mundo real: os alunos são apresentados a problemas matemáticos baseados em situações da vida real, como dividir lanches entre amigos ou calcular o tempo de viagem. Objetivos: aplicar habilidades matemáticas em contextos do mundo real, desenvolver o pensamento crítico e a resolução de problemas.

Essas atividades têm objetivos específicos de aprendizagem que abordam diferentes aspectos do desenvolvimento matemático, como habilidades numéricas, raciocínio lógico, resolução de problemas, pensamento crítico e aplicação prática. Ao utilizar essas atividades, os educadores podem criar um ambiente de aprendizado engajador e significativo, promovendo o desenvolvimento matemático das crianças.

FATORES QUE INFLUENCIAM A APRENDIZAGEM MATEMÁTICA

A aprendizagem matemática é um aspecto fundamental da formação educacional das crianças, fornecendo-lhes habilidades e conhecimentos que são essenciais para o sucesso em diversas áreas da vida. No entanto, a maneira como as crianças aprendem Matemática e os fatores que influenciam sua aprendizagem são temas de grande interesse e importância para educadores, pais e pesquisadores.

Neste contexto, compreender os fatores que influenciam a aprendizagem matemática em crianças é fundamental para promover um ambiente de ensino eficaz e estimulante. Diversos aspectos têm impacto sobre o desenvolvimento matemático dos alunos, desde o ambiente familiar e a qualidade do ensino até a confiança nas habilidades matemáticas e os recursos disponíveis.

O ambiente familiar desempenha um papel crucial, pois é nele que as crianças são expostas a conversas e atividades matemáticas desde cedo. O apoio e o envolvimento dos pais em atividades matemáticas, bem como atitudes positivas em relação à disciplina, criam um ambiente propício para a aprendizagem matemática. Além disso, o ambiente escolar desempenha um papel fundamental na aprendizagem matemática, e a qualidade do ensino é determinante. Estratégias pedagógicas apropriadas, materiais didáticos relevantes e resolução de problemas autênticos são aspectos importantes para engajar os alunos e promover a compreensão matemática.

A confiança e a atitude dos alunos em relação à Matemática também são fatores cruciais. Quando os alunos acreditam em suas habilidades matemáticas e têm uma atitude positiva, estão mais dispostos a assumir desafios e persistir na resolução de problemas. Por isso, é fundamental promover uma cultura que valorize o esforço e crie um ambiente seguro onde os alunos se sintam confiantes para explorar e aprender Matemática.

Além disso, a disponibilidade de recursos e materiais adequados desempenha um papel significativo na aprendizagem matemática. Livros, jogos, manipulativos e tecnologia educacional podem proporcionar experiências práticas e interativas, permitindo que as crianças explorem e apliquem conceitos matemáticos de maneira significativa.

Considerar o contexto cultural em que as crianças estão inseridas também é importante. Valorizar a diversidade cultural e reconhecer a aplicação da matemática em diferentes contextos culturais pode ajudar a criar uma conexão mais forte entre os alunos e a disciplina.

Compreender os diferentes estilos de aprendizagem dos alunos e adaptar as estratégias de ensino para atender a essas diferenças também é fundamental. Oferecer uma variedade de abordagens, como atividades práticas, visuais e verbais, permite que os alunos aprendam de maneiras que sejam mais eficazes para eles.

Por fim, a aplicação prática da Matemática em situações do mundo real pode aumentar a motivação e o engajamento dos alunos. Conectar os conceitos matemáticos a situações cotidianas, como finanças pessoais, medidas e resolução de problemas reais, ajuda as crianças a entender a relevância e a utilidade da Matemática em suas vidas.

Neste contexto, explorar os fatores que influenciam a aprendizagem matemática em crianças é essencial para promover um ambiente de aprendizado positivo e eficaz. Ao considerar esses fatores, educadores e pais podem criar um ambiente estimulante, motivador e significativo, promovendo o desenvolvimento matemático dos alunos e preparando-os para enfrentar os desafios da vida com confiança.

PRÁTICAS PEDAGÓGICAS EFICAZES

As práticas pedagógicas eficazes referem-se a abordagens de ensino que são respaldadas por pesquisas e demonstraram ter um impacto positivo na aprendizagem dos alunos. Essas práticas envolvem estratégias, métodos e técnicas que são intencionalmente projetadas para engajar os alunos, promover a compreensão, desenvolver habilidades e facilitar a transferência de conhecimento.

Sabemos que ensinar Matemática pode ser um desafio, mas também é uma oportunidade para despertar a curiosidade e a paixão pelo conhecimento em cada criança.

Ao longo de sua carreira, você certamente se deparou com o desafio de promover um ensino eficaz da Matemática nos anos iniciais. Essa tarefa pode ser complexa, mas é crucial para o desenvolvimento das habilidades numéricas dos alunos e sua preparação para a vida acadêmica e cotidiana.

A chave para o sucesso está em adotar práticas pedagógicas eficazes que envolvam, inspirem e estimulem o potencial único de cada estudante. Afinal, a Matemática não precisa ser apenas uma sequência de números e fórmulas abstratas; ela pode ser uma jornada emocionante de descobertas e conquistas.

Aqui estão alguns passos para você desenvolver práticas pedagógicas que farão a diferença na vida de seus alunos:

1. Conheça seus alunos: cada criança é única, com habilidades, interesses e desafios individuais. Ao conhecer suas personalidades e necessidades, você poderá adaptar sua abordagem de ensino para atender a cada um deles de forma personalizada.

2. Torne a Matemática relevante: mostre aos alunos como a Matemática está presente em seu cotidiano, desde atividades simples até situações mais complexas. Conecte os conceitos matemáticos ao mundo real, fazendo com que eles percebam a importância dessa disciplina em suas vidas.

3. Estimule o pensamento crítico: incentive os alunos a questionarem, a explorarem e a pensarem de forma independente. A resolução de problemas matemáticos desafia o cérebro e promove o raciocínio lógico, levando-os a buscar soluções criativas e eficientes.

4. Use recursos lúdicos: jogos, quebra-cabeças e atividades interativas são uma ótima maneira de tornar o aprendizado divertido e engajador. Eles oferecem oportunidades para aprender de forma prazerosa, ao mesmo tempo em que desenvolvem habilidades matemáticas de maneira natural.

5. Proporcione um ambiente seguro: criar um ambiente acolhedor e sem julgamentos é essencial para incentivar a participação ativa dos alunos. Eles devem se sentir à vontade para errar, perguntar e aprender com suas experiências, sem medo de serem criticados.

6. Seja um exemplo: como educador, você é um modelo a ser seguido. Demonstre entusiasmo pela Matemática e pelo aprendizado contínuo. Mostre que o conhecimento é uma jornada emocionante e que você também está sempre em busca de novas descobertas.

7. Avalie o progresso: acompanhe de perto o desenvolvimento de cada aluno e use a avaliação como uma ferramenta para identificar pontos fortes e áreas que necessitam de apoio. Ofereça feedback construtivo e encorajador para que eles saibam que estão progredindo.

Outra prática muito eficaz é ter um ambiente escolar planeado que promova aprendizado. Podemos citar um trecho do Pnaic que aborda essa relevância:

> Com relação ao espaço físico da sala de aula, entendemos que esse necessite ser reconhecido como um espaço alfabetizador em Matemática, com instrumentos, símbolos, objetos e imagens pertencentes ao

campo da Matemática escolar e não escolar. Assim, sugere-se que cada sala de aula disponha de alguns materiais que possam ser providenciados pelo professor e pelos alunos ou que possam ser adquiridos pela escola, tais como:

- portadores de textos com diferentes usos e representações numéricas, como por exemplo: reportagens de jornal com gráficos, tabelas de pontuação de jogos e brincadeiras, rótulos de embalagens, placas de carro, etc.;

- tabela numérica com números de 1 a 100 para a exploração de regularidades;

- varal com os símbolos numéricos, construídos com os alunos. Não há necessidade de que este varal só contemple números até o 10;

- mural que possibilite afixar as produções dos alunos, textos complementares do professor, curiosidades matemáticas que os alunos desejem compartilhar, etc.;

- calendário para reconhecimento e contagem do tempo (dia, mês, ano);

- listas variadas de assuntos que o professor deseja discutir com os alunos, tais como: nomes dos alunos, datas de aniversário, eventos da escola, brinquedos e brincadeiras preferidas, etc.;

- régua para a medição de altura dos alunos (instalar a régua na parede para que os alunos possam medir sua altura no decorrer do ano);

- balança que possibilite identificar o "peso" (a massa corporal);

- relógios para a medição do tempo (seria interessante que tivesse também um relógio analógico uma vez que a escola, possivelmente seja um dos poucos espaços atualmente em que esse tipo de relógio apareça e que em muito contribui para a compreensão da contagem do tempo);

- armários e/ou outros espaços para o armazenamento de materiais de uso contínuo, como jogos, materiais manipuláveis (ábacos, material dourado, sólidos geométricos, etc.), papéis variados e materiais confeccionados pelos alunos;
- conjunto de calculadoras básicas que pode ser adquirido pela escola, preferencialmente do tipo solares para evitar o uso de pilhas. Seria interessante que fosse 1 calculadora para, no máximo, 2 alunos;
- outros materiais que o professor julgar necessário, segundo os projetos e as atividades que desenvolve no decorrer do ano, como: livros de histórias infantis, revistas para recorte, caixas, cordas, etc.

Com um ambiente físico preparado para o acolhimento dos alunos e para que a aula de matemática aconteça, é importante que o professor estabeleça uma orientação inicial aos alunos, apresentando uma proposta de rotina de trabalho no dia. Nesse sentido, é possível que o professor, ao entrar em sala de aula, explicite na lousa ou quadro uma rotina do que irá acontecer naquele dia, listando e numerando cada atividade. Mesmo que os alunos ainda não saibam ler, o professor pode ir fazendo a leitura e listando as

CONSTRUINDO BASES SÓLIDAS:
UM GUIA PARA A NUMERACIA E ALFABETIZAÇÃO MATEMÁTICA

atividades no canto da lousa ou quadro, reduzindo a ansiedade e expectativa dos alunos quanto ao trabalho do dia. Ao mesmo tempo, vai criando o hábito e identificando o tempo que cada uma das atividades foi planejada e como as diferentes disciplinas vão sendo contempladas na rotina do dia e da semana. A organização das carteiras na sala de aula, conforme já observamos no relato da professora Mariana Pellatieri, também necessita ser pensada com antecedência e executada em sala de aula. A decisão sobre como as carteiras são organizadas tem a ver com a atividade planejada para aquele dia. As carteiras podem ser organizadas em duplas, o que é uma disposição interessante para o coletivo das atividades em aulas de Matemática, uma vez que propicia a troca, a negociação de estratégias e significados na resolução de problemas; podem ser organizadas em grupos maiores (4 alunos) para atividades com jogos, por exemplo; organizadas em "U" para momentos de discussão coletiva e/ou socialização de registros e de resolução de atividades. As carteiras uma atrás da outra, como tradicionalmente as salas de aula eram dispostas, pouco contribuem para que o coletivo de alunos participe da aula; geralmente aqueles que estão no fundo da sala se distraem mais facilmente e o professor, que fica à frente, pouco consegue interagir com esses alunos, bem como pouco favorece para uma reflexão compartilhada entre os alunos na resolução dos problemas. Pensar na organização das carteiras contribui significativamente para a criação de um ambiente propício e favorável à aprendizagem, à problematização, à dialogicidade e à comunicação pela leitura e escrita, também em Matemática.[14]

Lembre-se de que, como educador, você tem o poder de inspirar uma paixão duradoura pela Matemática em seus alunos. Ao adotar práticas pedagógicas eficazes, você os ajudará a construir bases sólidas para um futuro brilhante, em que a Matemática não será apenas uma disciplina, mas uma valiosa ferramenta para enfrentar os desafios da vida com confiança e determinação.

---

[14] Pnaic Caderno 1, p. 16.

ESTRATÉGIAS DE ENSINO

Existem várias estratégias que podem ser utilizadas para implementar o ensino diferenciado na sala de aula de Matemática:

1. Avaliação formativa: a avaliação contínua e formativa desempenha um papel central no ensino diferenciado. Os educadores utilizam avaliações regulares para identificar as necessidades e níveis de habilidade dos alunos, permitindo que adaptem o ensino de acordo com essas informações. A partir da avaliação formativa, os professores podem ajustar a instrução e fornecer suporte adicional quando necessário.

2. Agrupamento flexível: os alunos são agrupados com base em suas necessidades e habilidades. Em vez de agrupar todos os alunos da mesma forma, os grupos são formados de acordo com o nível de habilidade ou a necessidade específica dos alunos em determinados conceitos matemáticos. Isso permite que os educadores forneçam instrução direcionada e adequada para cada grupo.

3. Material didático diferenciado: os materiais e recursos de aprendizagem são adaptados para atender às necessidades dos alunos. Isso pode incluir a oferta de materiais suplementares para alunos que precisam de um desafio adicional, materiais de apoio para alunos com dificuldades de aprendizagem, ou ainda, a utilização de diferentes recursos para atender a diferentes estilos de aprendizagem.

4. Instrução flexível: os educadores adaptam sua instrução para atender às necessidades individuais dos alunos. Isso pode incluir a variação dos métodos de ensino, como a utilização de estratégias visuais, auditivas ou táteis, a implementação de diferentes abordagens para ensinar conceitos matemáticos e a oferta de atividades práticas para reforçar a compreensão.

5. Suporte adicional: alunos que precisam de apoio adicional recebem atenção e orientação individualizada. Os educadores podem oferecer sessões de tutoria, tempo extra para praticar habilidades matemáticas ou recursos adicionais para aprofundar a compreensão. O suporte adicional é adaptado às necessidades específicas de cada aluno, visando promover seu progresso e sucesso.

6. Autonomia do aluno: os alunos são incentivados a assumir um papel ativo em sua própria aprendizagem, permitindo que eles façam escolhas e estabeleçam metas individuais. Os educadores fornecem orientação e apoio para ajudar os alunos a definir objetivos realistas e a desenvolver habilidades de autorregulação, permitindo-lhes monitorar seu próprio progresso e buscar recursos adequados para seu aprendizado.

Ao implementar o ensino diferenciado, os educadores reconhecem que cada aluno é único e possui diferentes necessidades, habilidades e estilos de aprendizagem. Ao adaptar o ensino para atender a essas diferenças individuais, é possível promover um ambiente inclusivo e equitativo, no qual todos os alunos tenham a oportunidade de alcançar seu pleno potencial na aprendizagem matemática

A TAREFA DE CASA

A tarefa de casa desempenha um papel essencial no estudo individual do aluno, permitindo a continuidade da aprendizagem fora do ambiente escolar. No entanto, é importante que as tarefas propostas sejam adequadas para o aluno, para que ele possa realizá-las de forma independente, sem depender da ajuda da família. Para isso, o professor pode utilizar diferentes tipos de tarefas:

1. Tarefas de retomada e fixação: essas tarefas têm como objetivo consolidar o aprendizado realizado em sala de aula. O professor pode propor questões relacionadas aos conceitos abordados, exercícios de revisão ou problemas que envolvam a aplicação dos conhecimentos adquiridos. Essas tarefas são importantes para reforçar a compreensão dos conteúdos e identificar possíveis dificuldades dos alunos, permitindo que o professor ajuste sua abordagem para atender às necessidades individuais.

   Exemplo: após uma aula sobre adição, o professor pode propor aos alunos uma série de somas para resolver em casa. Essa tarefa permite que eles pratiquem a operação matemática e reforcem os conceitos aprendidos.

2. Tarefas preparatórias para a próxima aula: essas tarefas têm como objetivo instigar a curiosidade dos alunos e prepará-los para a próxima aula. O professor pode propor uma situação-problema ou uma pergunta para que os alunos reflitam sobre o tema que será abordado. Dessa forma, eles chegam à aula seguinte com ideias e questões prévias, facilitando o processo de aprendizagem.

   Exemplo: antes de uma aula sobre geometria, o professor pode pedir aos alunos que observem os objetos ao seu redor e identifiquem formas geométricas presentes em seu cotidiano. Na aula seguinte, eles compartilham suas observações e dúvidas, e o professor introduz os conceitos formais de geometria.

3. Tarefas que envolvem coleta de material: essas tarefas têm como objetivo aproximar a Matemática da realidade dos alunos, estimulando-os a aplicar conceitos matemáticos em situações concretas. O professor pode propor atividades que exigem a coleta de dados, gráficos ou informações que serão utilizados posteriormente em sala de aula.

Exemplo: o professor pode pedir aos alunos que realizem uma pesquisa sobre os preços de diferentes produtos em supermercados locais. Com os dados coletados, eles podem criar tabelas e gráficos para analisar e comparar os preços, aplicando conceitos de estatística e representação gráfica.

As formas de correção das tarefas dependerão dos tipos de atividades propostas aos alunos. Todo o material produzido por eles, individualmente ou em grupos, em sala de aula ou em casa, pode ser objeto de avaliação. Esses registros proporcionam ao professor elementos para acompanhar o progresso dos alunos, identificar os desafios que possam enfrentar e compreender melhor suas dificuldades. Ao analisar o material dos alunos, o professor pode observar se eles conseguem explicar de forma clara e adequada um procedimento matemático, se estão interpretando corretamente as instruções dos exercícios e problemas e se estão assimilando as ideias e estratégias compartilhadas durante as atividades em grupo ou momentos de socialização.

O caderno do aluno é um instrumento valioso para registrar todo o processo de resolução das atividades propostas, bem como as sínteses produzidas e negociadas coletivamente em sala de aula. Durante os momentos de socialização de diferentes estratégias, os alunos podem ser incentivados a copiar da lousa as estratégias de outros colegas, o que permite que eles se posicionem, argumentem, construam um repertório e estabeleçam contraexemplos, favorecendo uma aprendizagem mais significativa. O conjunto de registros produzidos representa uma síntese provisória dos conhecimentos matemáticos desenvolvidos em sala de aula, que é continuamente

CONSTRUINDO BASES SÓLIDAS:
UM GUIA PARA A NUMERACIA E ALFABETIZAÇÃO MATEMÁTICA

ampliada à medida que novos conceitos são discutidos e sistematizados. É relevante que no material dos alunos também fiquem registrados os momentos de fechamento de cada etapa, permitindo que eles acompanhem sua própria evolução no aprendizado matemático.

DESAFIOS COMUNS ENFRENTADOS PELOS EDUCADORES NO ENSINO DA MATEMÁTICA NOS ANOS INICIAIS

O ensino da Matemática nos anos iniciais é uma parte crucial da educação, fornecendo aos alunos os fundamentos necessários para o desenvolvimento de habilidades numéricas sólidas, raciocínio lógico e resolução de problemas. No entanto, os educadores enfrentam uma série de desafios ao abordar esse importante campo do conhecimento.

Um dos principais desafios enfrentados pelos educadores é o medo e a ansiedade em relação à Matemática. Muitos educadores têm suas próprias inseguranças em relação aos seus conhecimentos e habilidades matemáticas, o que pode afetar sua confiança ao ensinar a matéria. É essencial que os educadores recebam apoio e desenvolvimento profissional contínuo para superar essas barreiras e se tornarem confiantes e proficientes na condução do ensino da Matemática.

Além disso, a falta de tempo dedicado especificamente à Matemática é um desafio comum. Com um currículo escolar abrangente e diversas disciplinas para serem ensinadas, a Matemática pode receber menos tempo de instrução adequado. Isso pode dificultar a cobertura completa dos conceitos matemáticos e o aprofundamento das habilidades necessárias para os alunos.

Outro desafio enfrentado pelos educadores é a grande variedade de níveis de habilidade dos alunos nos anos iniciais. Alguns alunos podem ter dificuldades em conceitos básicos, enquanto outros podem avançar rapidamente. Os educadores enfrentam a tarefa de diferenciar a instrução e adaptá-la às necessidades individuais dos alunos, garantindo que todos tenham oportunidades de aprendizado significativas.

Além disso, a abstração dos conceitos matemáticos pode ser um desafio para os alunos. Muitos conceitos matemáticos são abstratos e podem ser difíceis de compreender inicialmente. Os educadores precisam encontrar maneiras de tornar esses conceitos mais concretos e significativos para os alunos, utilizando manipulativos, jogos, exemplos do mundo real e representações visuais.

Outra dificuldade a ser enfrentada é a discalculia. A discalculia é um transtorno específico e persistente da aprendizagem da Matemática, e segundo APA[15], de 2 a 10% da população apresenta algum transtorno de aprendizagem. Quem possui discalculia enfrenta dificuldades para compreender os números e seu significado. Desde a infância, essas crianças podem ter dificuldade em aprender a contar, reconhecer os números e relacioná-los às quantidades que representam. Na escola, a discalculia se manifesta na dificuldade em aprender a tabuada, resolver problemas matemáticos, memorizar funções matemáticas e compreender o vocabulário matemático.

Na vida adulta, as dificuldades persistem, afetando o gerenciamento financeiro, a estimativa de custos, o cálculo mental, a resolução de problemas complexos e até mesmo a estimativa de tempo e distâncias. A discalculia pode ser desafiadora, mas com o apoio adequado e a compreensão de que Matemática não é uma questão de talento, é possível enfrentar essas dificuldades e desenvolver habilidades matemáticas sólidas.

Outro problema pode ser baixa escolarização dos pais dos alunos. Quando os pais têm baixa escolarização ou pouca familiaridade com conceitos matemáticos, podem enfrentar dificuldades para apoiar o aprendizado de seus filhos em casa. A falta de conhecimento matemático dos pais pode criar um ambiente desfavorável para o desenvolvimento dos conceitos matemáticos das crianças.

Também alunos provenientes de famílias de baixa renda podem enfrentar desafios adicionais no aprendizado da Matemática. A falta de recursos materiais e acesso a atividades extracurriculares pode limitar as oportunidades de prática e reforço dos conceitos matemáticos fora da sala de aula.

---

[15] AMERICAN Psychiatric Association. *DSM-IV-TR:* Manual diagnóstico e estatístico de transtornos mentais. 4. ed. Texto revisado. Porto Alegre: Artmed, 2002.

CONSTRUINDO BASES SÓLIDAS:
UM GUIA PARA A NUMERACIA E ALFABETIZAÇÃO MATEMÁTICA

Outro aspecto desafiador é a necessidade de estabelecer conexões entre a Matemática e a vida cotidiana dos alunos. Alguns alunos podem questionar a relevância da Matemática em suas vidas diárias. Os educadores devem ajudar os alunos a entender a importância prática da Matemática, estabelecendo conexões entre os conceitos matemáticos e as situações do mundo real. Isso ajudará a motivar e engajar os alunos, mostrando-lhes como a Matemática está presente em seu cotidiano.

Além disso, os educadores enfrentam o desafio de criar práticas pedagógicas ativas e engajadoras no ensino da Matemática. O ensino dessa disciplina requer uma abordagem que envolva os alunos ativamente em atividades práticas, resolução de problemas colaborativa e exploração de diferentes estratégias de aprendizado para atender às diversas necessidades dos alunos. Isso ajuda a manter o interesse e a motivação dos alunos, além de promover uma compreensão mais profunda dos conceitos matemáticos.

Por fim, a avaliação adequada do progresso dos alunos também é um desafio enfrentado pelos educadores no ensino da Matemática nos anos iniciais. Avaliar a aprendizagem matemática de maneira eficaz requer uma variedade de estratégias, como avaliação formativa, portfólios, observações e testes. Essas estratégias ajudam a identificar áreas de dificuldade, adaptar a instrução e fornecer feedback construtivo aos alunos.

Enfrentar esses desafios requer suporte adequado aos educadores, incluindo desenvolvimento profissional contínuo, acesso a recursos de qualidade e oportunidades de colaboração com outros educadores. A abordagem centrada no aluno, o uso de estratégias diferenciadas e a criação de um ambiente de aprendizagem positivo são fundamentais para superar esses desafios e promover uma educação matemática eficaz nos anos iniciais. Ao enfrentar esses desafios de maneira eficaz, os educadores podem ajudar os alunos a desenvolverem uma base sólida em Matemática e a construírem uma mentalidade positiva em relação a essa disciplina vital.

AVALIAÇÃO E FEEDBACK

A avaliação é um componente fundamental no processo educacional, pois permite verificar o avanço das aprendizagens dos alunos e garantir que os objetivos estabelecidos estejam sendo alcançados. Ao reconhecer a importância de elaborar evidências para a avaliação, os educadores podem obter informações valiosas sobre o progresso dos estudantes e identificar áreas que precisam ser fortalecidas.

Uma avaliação bem estruturada deve estar alinhada aos objetivos educacionais e aos conteúdos trabalhados em sala de aula. Ela pode incluir diferentes tipos de evidências, como provas escritas, projetos, atividades práticas, apresentações orais e observações do desempenho dos alunos em situações reais de aprendizagem.

Ao relacionar as evidências com os objetivos estabelecidos, os educadores podem ter uma visão mais clara do que os alunos aprenderam e quais habilidades e competências foram desenvolvidas. Isso ajuda a identificar pontos fortes e áreas de melhoria em relação ao ensino e à aprendizagem.

Além disso, a avaliação também é uma ferramenta poderosa para adaptar o ensino às necessidades individuais dos alunos. Ao conhecer o nível de conhecimento e habilidades de cada estudante, os educadores podem ajustar as estratégias de ensino e oferecer suporte adicional para aqueles que precisam de mais auxílio.

O desenvolvimento adequado das habilidades e competências dos alunos requer um sistema de avaliação eficaz e feedback construtivo. Aqui estão algumas maneiras de desenvolver a avaliação e o feedback para identificar o progresso das habilidades e competências dos alunos:

1. **Avaliação formativa**: utilize a avaliação formativa regularmente para monitorar o progresso dos alunos ao longo do tempo. A avaliação formativa envolve a coleta contínua de informações sobre o desempenho dos alunos por meio

de observações, tarefas, questionários e discussões em sala de aula. Essa abordagem ajuda a identificar as áreas em que os alunos estão progredindo e as áreas em que precisam de mais apoio.

- Exemplo: durante uma aula de matemática, observe os alunos enquanto resolvem problemas em grupos e registre suas estratégias e participação ativa.

- Feedback: forneça feedback imediato aos alunos sobre suas estratégias de resolução de problemas, destacando pontos fortes e áreas de melhoria específicas.

2. **Critérios de avaliação claros**: estabeleça critérios claros para avaliar as habilidades e competências dos alunos. Defina os padrões esperados para o desempenho em cada área e forneça exemplos concretos de como os alunos podem demonstrar essas habilidades. Isso permite que os alunos entendam as expectativas e ajuda os educadores a avaliarem de forma consistente o progresso dos alunos.

- Exemplo: antes de uma tarefa ou projeto, compartilhe com os alunos uma lista de critérios que serão usados para avaliar seu desempenho, como precisão dos cálculos, clareza da comunicação e aplicação adequada dos conceitos matemáticos.

- Feedback: ao fornecer feedback aos alunos sobre sua tarefa ou projeto, faça referência específica aos critérios estabelecidos, destacando como eles atingiram ou não atingiram cada um deles.

3. **Observação e registro:** observe e registre o desempenho dos alunos em diferentes situações de aprendizado. Isso pode incluir observações durante a resolução de problemas, participação em atividades em grupo, apresentações individuais, discussões em sala de aula e projetos realizados pelos alunos. A observação direta fornece informações valiosas sobre o progresso dos alunos em suas habilidades e competências.

- Exemplo: observe os alunos durante uma atividade de resolução de problemas em grupo, registrando suas interações, estratégias utilizadas e contribuições individuais.

- Feedback: use as observações e registros para fornecer feedback individualizado, reconhecendo o bom trabalho em equipe, as estratégias eficazes e encorajando a participação ativa.

4. **Portfólios e trabalhos em progresso**: incentive os alunos a manterem portfólios ou pastas com exemplos de seu trabalho ao longo do tempo. Isso permite que eles acompanhem seu próprio progresso e reflitam sobre as melhorias que fizeram em suas habilidades. Além disso, os educadores podem revisar esses portfólios para avaliar o crescimento dos alunos e fornecer feedback personalizado.

- Exemplo: peça aos alunos que mantenham um portfólio de seus trabalhos de matemática ao longo do ano, incluindo exemplos de problemas resolvidos, projetos concluídos e reflexões sobre seu progresso.

- Feedback: revise os portfólios periodicamente e forneça feedback sobre o progresso demonstrado pelos alunos, destacando áreas de melhoria e oferecendo sugestões para o desenvolvimento contínuo.

5. **Feedback contínuo e construtivo**: fornecer feedback regular aos alunos é fundamental para o desenvolvimento das habilidades e competências. O feedback deve ser específico, claro e direcionado para as áreas em que os alunos estão progredindo e para aquelas que precisam de mais atenção. Além disso, o feedback deve ser construtivo, ressaltando os pontos fortes dos alunos e fornecendo orientações claras sobre como melhorar.

- Exemplo: durante uma tarefa de resolução de problemas, forneça feedback individualizado aos alunos, apontando seus pontos fortes e sugerindo melhorias em sua abordagem.

- Feedback: seja específico ao fornecer feedback, destacando estratégias eficazes usadas pelos alunos, corrigindo erros conceituais e sugerindo alternativas para melhorar a resolução de problemas.

6. **Autoavaliação e autorreflexão**: promova a autoavaliação e a autorreflexão nos alunos. Incentive-os a avaliar seu próprio desempenho e refletir sobre seu progresso em relação aos critérios estabelecidos. Isso os ajuda a desenvolver a capacidade de identificar suas próprias áreas de força e de melhoria, e a tomar medidas para aprimorar suas habilidades.

   - Exemplo: peça aos alunos que avaliem seu próprio desempenho em uma tarefa de resolução de problemas, refletindo sobre suas estratégias, dificuldades encontradas e como podem melhorar no futuro.

   - Feedback: analise as autoavaliações dos alunos e forneça feedback adicional, confirmando pontos fortes identificados pelos alunos e fornecendo sugestões para aprimorar as áreas em que eles identificaram dificuldades.

7. **Feedback entre pares**: promova a prática de feedback entre pares, em que os alunos têm a oportunidade de revisar e fornecer feedback sobre o trabalho de seus colegas. Isso estimula a colaboração, a comunicação e o desenvolvimento das habilidades de avaliação crítica dos alunos.

   - Exemplo: promova sessões de revisão entre pares, em que os alunos compartilham seus trabalhos uns com os outros e fornecem feedback construtivo sobre as estratégias, precisão e comunicação.

   - Feedback: forneça orientações claras aos alunos sobre como fornecer feedback útil e construtivo, incentivando-os a destacar pontos fortes, fazer perguntas esclarecedoras e oferecer sugestões de melhorias.

8. **Utilize múltiplas formas de avaliação:** além de testes tradicionais, incorpore uma variedade de métodos de avaliação, como projetos, apresentações orais, trabalhos escritos, discussões em grupo, atividades práticas e testes práticos. Isso permite que os alunos demonstrem suas habilidades e competências de maneiras diversas, proporcionando uma avaliação mais abrangente.

- Exemplo: além de testes escritos, peça aos alunos que criem projetos matemáticos, apresentem suas soluções oralmente ou participem de debates em grupo sobre conceitos matemáticos.

- Feedback: ajuste seu feedback de acordo com o formato da avaliação, destacando aspectos positivos e oferecendo sugestões específicas para melhorias com base na natureza da atividade.

Ao implementar essas estratégias, os educadores podem desenvolver um sistema de avaliação e feedback que seja justo, abrangente e eficaz para identificar o progresso das habilidades e competências dos alunos. Isso proporcionará uma base sólida para orientar o ensino, fornecer apoio personalizado e promover o desenvolvimento contínuo dos alunos

Ao valorizar a elaboração de evidências para a avaliação, os educadores promovem uma cultura de responsabilidade e compromisso com a qualidade do ensino. Além disso, a transparência no processo de avaliação fortalece a relação entre educadores, alunos e suas famílias, criando um ambiente de confiança e cooperação.

Em suma, a avaliação baseada em evidências é uma poderosa ferramenta para verificar o avanço das aprendizagens dos alunos e garantir que os objetivos educacionais sejam alcançados. Ao relacionar as evidências com os objetivos estabelecidos, os educadores podem tomar decisões informadas sobre suas práticas pedagógicas e proporcionar uma educação de qualidade, preparando os alunos para enfrentarem com confiança os desafios do futuro.

INCLUSÃO E DIVERSIDADE NA SALA DE AULA DE MATEMÁTICA

Inclusão e diversidade na sala de aula de Matemática são fundamentais para criar um ambiente de aprendizagem acolhedor, igualitário e que atenda às necessidades individuais dos alunos. Aqui estão algumas estratégias que podem ser implementadas para promover a inclusão e a diversidade na sala de aula de Matemática, abordando especificamente os pontos mencionados:

1. Abordagens para atender às necessidades de alunos com diferentes estilos de aprendizagem:

   - Reconhecer que os alunos têm estilos de aprendizagem diferentes e adaptar as estratégias de ensino para atender a essas diferenças. Por exemplo, oferecer opções de aprendizagem visual, auditiva e tátil, utilizando materiais manipulativos, gráficos, áudios, vídeos ou outras ferramentas multimídia.

2. Ensino adaptado para alunos com deficiências ou dificuldades de aprendizagem:

   - Identificar e fornecer suporte adicional aos alunos com deficiências ou dificuldades de aprendizagem, oferecendo estratégias e recursos adaptados. Isso pode incluir a utilização de tecnologia assistiva, materiais acessíveis, adaptações na apresentação ou avaliação e fornecimento de tempo adicional para a conclusão de tarefas.

3. Valorização da diversidade cultural na Matemática:

   - Incorporar a diversidade cultural nos exemplos e contextos utilizados para ensinar Matemática. Destacar contribuições matemáticas de diferentes culturas e conectar conceitos matemáticos com situações e práticas culturais diversas. Isso ajuda os alunos a reconhecerem e valorizarem diferentes formas de pensar e resolver problemas matemáticos.

4. Promover a participação ativa de todos os alunos:

   - Criar um ambiente inclusivo que valorize a contribuição de todos os alunos, independentemente de suas origens culturais, linguísticas ou habilidades matemáticas. Encorajar a participação ativa por meio de discussões em grupo, trabalhos colaborativos e oportunidades para compartilhar experiências matemáticas pessoais.

5. Uso de estratégias diferenciadas e adaptativas:

   - Adaptar as estratégias de ensino para atender às necessidades individuais dos alunos, fornecendo apoio e desafios adequados ao seu nível de aprendizagem. Utilizar recursos e materiais diferenciados, como planilhas modificadas, apoio visual, exemplos concretos ou manipulativos, para garantir que todos os alunos possam acessar e compreender os conceitos matemáticos.

6. Parceria com profissionais de apoio à inclusão:

   - Colaborar com profissionais de apoio à inclusão, como especialistas em educação inclusiva, psicólogos escolares ou terapeutas, para desenvolver planos individualizados para alunos com necessidades específicas. Trabalhar em conjunto para implementar estratégias adaptadas e fornecer suporte contínuo aos alunos.

Ao implementar essas estratégias, os educadores podem criar um ambiente inclusivo, diversificado e adaptado na sala de aula de Matemática. Isso não apenas atende às necessidades individuais dos alunos, mas também promove uma compreensão mais ampla e valorização da diversidade cultural na Matemática.

IMPORTÂNCIA DO SEU DESENVOLVIMENTO PROFISSIONAL CONTÍNUO NA EDUCAÇÃO MATEMÁTICA PARA AS SERIES INICIAIS

O desenvolvimento profissional contínuo na educação matemática para as séries iniciais é fundamental para garantir que os professores estejam preparados e atualizados em relação às práticas de ensino mais eficazes e às demandas educacionais contemporâneas. Mediante o desenvolvimento profissional contínuo, os professores têm a oportunidade de aprimorar suas habilidades, conhecimentos e estratégias de ensino, o que, por sua vez, tem um impacto direto no aprendizado e no sucesso dos alunos.

Uma das principais vantagens do desenvolvimento profissional contínuo é a melhoria da prática pedagógica. Os professores têm a oportunidade de atualizar suas metodologias de ensino, explorar novas abordagens e estratégias, e aplicar práticas baseadas em evidências que têm demonstrado eficácia no ensino da Matemática. Isso resulta em aulas mais envolventes, em que os alunos são incentivados a pensar criticamente, resolver problemas de forma criativa e desenvolver uma compreensão mais profunda dos conceitos matemáticos.

Além disso, o desenvolvimento profissional contínuo permite que os professores estejam atualizados sobre as últimas tendências e pesquisas na área da educação matemática. Eles têm acesso a recursos educacionais atualizados, materiais didáticos inovadores e tecnologias educacionais relevantes. Isso lhes permite oferecer aos alunos uma educação matemática de qualidade, conectada com as necessidades do mundo atual e preparando-os para enfrentar os desafios do século 21.

Outro aspecto importante do desenvolvimento profissional contínuo é a capacidade de atender às necessidades dos alunos com diferentes estilos de aprendizagem. Os professores aprendem a identificar as características individuais de seus alunos, adaptando suas estratégias de ensino para atender a essas necessidades específicas. Eles podem explorar diferentes abordagens pedagógicas, utilizar materiais manipulativos, oferecer atividades práticas e utilizar recursos tecnológicos, permitindo que todos os alunos tenham a oportunidade de compreender e se engajar ativamente com os conceitos matemáticos.

O desenvolvimento profissional contínuo também promove a autoconfiança e a motivação dos professores. Ao adquirir novos conhecimentos e habilidades, os professores se sentem mais confiantes em sua prática pedagógica e em sua capacidade de lidar com os desafios que surgem no ensino da Matemática. Isso se reflete em sua postura em sala de aula, aumentando sua motivação para experimentar abordagens inovadoras, enfrentar desafios com determinação e manter um ambiente de aprendizagem positivo e estimulante para os alunos.

Outro benefício do desenvolvimento profissional contínuo é a oportunidade de colaborar e compartilhar práticas bem-sucedidas com outros educadores. A partir de workshops, conferências e grupos de estudo, os professores podem trocar experiências, discutir desafios comuns, aprender uns com os outros e se beneficiar do conhecimento coletivo da comunidade educacional. Isso estimula a colaboração e a construção de uma rede de apoio profissional, na qual os professores podem compartilhar ideias, estratégias e recursos valiosos para enriquecer sua prática de ensino.

O desenvolvimento profissional contínuo na educação matemática para as séries iniciais é um compromisso constante em aprimorar as práticas de ensino, buscar novas abordagens, refletir sobre a própria prática e encontrar soluções para os desafios enfrentados em sala de aula. Uma alternativa eficaz é o estudo coletivo em uma aula, conhecido como *jugyokenkyu*, em japonês, popularizado como *lesson study*. Esse modelo de desenvolvimento profissional dos professores, há muito tempo utilizado no Japão, ganhou atenção internacional pelo seu impacto positivo no ensino. O *lesson study* é uma forma de estudo dentro da escola e é considerado uma parte integrante do trabalho do professor. Por meio dessa abordagem colaborativa, os educadores têm a oportunidade de compartilhar conhecimentos, experimentar novas estratégias e aprimorar suas práticas, o que beneficia diretamente a aprendizagem dos alunos.

Ao investir no desenvolvimento profissional contínuo, os professores se tornam agentes de mudança em suas salas de aula. Eles se capacitam para explorar estratégias diferenciadas de ensino, adaptando-as às necessidades individuais dos alunos. Por exemplo, podem adotar metodologias ativas, em que os alunos são estimulados a participar ativamente da construção do conhecimento matemático, a partir de discussões, resolução de problemas em grupo e projetos colaborativos. Essas abordagens promovem o engajamento dos alunos, estimulando seu raciocínio lógico e sua capacidade de resolver problemas de forma autônoma.

Outro aspecto importante do desenvolvimento profissional contínuo é a valorização da diversidade na sala de aula. Os professores podem buscar compreender as experiências culturais e de vida dos alunos, reconhecendo a Matemática presente em diferentes contextos culturais. Isso proporciona aos alunos uma visão mais ampla da Matemática, tornando-a mais significativa e relevante para suas vidas. Os professores podem incorporar exemplos, problemas e atividades que reflitam a diversidade cultural da turma, permitindo que todos os alunos se sintam representados e valorizados.

Além disso, o desenvolvimento profissional contínuo permite que os professores explorem o uso de recursos tecnológicos na sala de aula. A tecnologia educacional, como softwares interativos, aplicativos e plataformas on-line, pode ser uma ferramenta poderosa para enriquecer a aprendizagem matemática. Os professores podem aprender a utilizar essas ferramentas de maneira eficaz, integrando-as ao currículo de Matemática para promover a interatividade, a visualização de conceitos abstratos e a resolução de problemas de forma mais dinâmica e envolvente.

Além dos benefícios diretos para os alunos, o desenvolvimento profissional contínuo também contribui para o crescimento e satisfação profissional dos professores. Ao se manterem atualizados e engajados em seu aprimoramento, os professores sentem-se mais confiantes e motivados em sua prática. Eles estão preparados para lidar com os desafios da educação matemática, como o ensino de conceitos complexos, a identificação e superação de dificuldades dos alunos e a criação de um ambiente de aprendizagem inclusivo e acolhedor.

Os resultados do desenvolvimento profissional contínuo na educação matemática podem ser vistos no progresso dos alunos. À medida que os professores aplicam suas novas habilidades e conhecimentos em sala de aula, eles observam um aumento na compreensão, na motivação e no desempenho dos alunos em Matemática. Os alunos desenvolvem habilidades fundamentais, como pensamento crítico, resolução de problemas e comunicação matemática, preparando-os para enfrentar desafios acadêmicos e desenvolver competências importantes para o século 21.

Podemos dizer, então, que o desenvolvimento profissional contínuo na educação matemática para as séries iniciais é um processo contínuo de aprimoramento das práticas de ensino, busca de novas estratégias, valorização da diversidade e uso adequado de recursos tecnológicos. Esse processo envolve um compromisso pessoal e profissional de melhoria contínua, visando proporcionar aos alunos uma educação matemática de qualidade, relevante e inclusiva. O desenvolvimento profissional contínuo não apenas beneficia os alunos, mas também fortalece a profissão docente, capacitando os professores a se tornarem agentes de transformação na sala de aula.

CONCEITOS MATEMÁTICOS FUNDAMENTAIS

Os conceitos matemáticos fundamentais são os pilares essenciais do aprendizado matemático e fornecem a base para o desenvolvimento de habilidades mais avançadas. Eles englobam uma série de ideias e princípios que abrangem diferentes áreas da Matemática, permitindo a compreensão e aplicação dessa disciplina no cotidiano e em contextos mais complexos.

Números

Os números são a base da Matemática e incluem a contagem, a representação numérica e as operações aritméticas. Aprender a contar e associar números a quantidades é um dos primeiros passos no desenvolvimento matemático das crianças. Por exemplo, ao aprender a contar objetos, elas começam a entender conceitos como adição e subtração. Com o tempo, as operações matemáticas se tornam mais complexas, envolvendo números maiores, frações e decimais. Essas habilidades numéricas são fundamentais para lidar com situações cotidianas, como contar dinheiro, medir ingredientes em receitas ou calcular tempo.

Existem várias incertezas relacionadas à nomenclatura correta dos conceitos que envolvem os números. Por esse motivo, vamos fornecer a seguir um resumo que explicará os conceitos de número, numeral, algarismo e sistema de numeração, segundo J.F.Porto da Silveira[16]:

> Número: O número é um conceito abstrato que representa uma quantidade ou uma posição em uma sequência. Ele não possui uma representação visual específica, sendo uma ideia matemática. Por exemplo, o número '5' representa a quantidade de objetos ou a posição em uma ordem.

---

[16] J.F. PORTO DA SILVEIRA. *Três notações numéricas básicas*: número, numeral e algarismo. [s. l. : s. n.] 2001. Disponível em: http://www.mat.ufrgs.br/~portosil/passa7a.html. Acesso em: 12 ago. 2023.

Numeral: O numeral é a representação escrita ou verbal de um número. Ele pode ser expresso de diferentes formas, dependendo do sistema de numeração utilizado. Por exemplo, o numeral 'cinco' é a representação escrita do número 5. (podemos representar como V também)

Algarismo: O algarismo é um símbolo ou dígito utilizado para representar um número dentro de um sistema de numeração específico. Nos sistemas de numeração indo-arábicos, os algarismos mais comuns são: 0, 1, 2, 3, 4, 5, 6, 7, 8 e 9. Esses algarismos podem ser combinados para representar diferentes números. Por exemplo, o algarismo '5' representa o número 5 em nosso sistema decimal.

Sistema de numeração: O sistema de numeração é um conjunto de regras e símbolos utilizados para representar números. Existem diversos sistemas de numeração, sendo o sistema decimal o mais comumente utilizado. No sistema decimal, a base é 10 e usamos os algarismos de 0 a 9 para representar números. Outros sistemas de numeração incluem o binário (base 2), o octal (base 8) e o hexadecimal (base 16).

Geometria

A geometria trata do estudo das formas e das propriedades do espaço. Os conceitos geométricos incluem pontos, linhas, segmentos, ângulos, triângulos, quadriláteros, círculos e figuras tridimensionais, como cubos e esferas. A compreensão da geometria é aplicada em diversos campos, como Arquitetura, Engenharia, Design e até mesmo na orientação espacial do dia a dia, como seguir direções em um mapa. Por exemplo, identificar as formas geométricas no ambiente: uma criança pode observar objetos ao seu redor, como uma mesa (forma retangular), uma bola (forma esférica) ou um cubo de gelo (forma cúbica), para reconhecer as diferentes formas geométricas presentes no cotidiano.

Medidas

A Matemática também é essencial para o entendimento e uso de medidas. Isso inclui o conhecimento das unidades de medida, como metros, litros, quilogramas e horas, e a capacidade de realizar conversões entre diferentes sistemas de medida. O uso de medidas é frequente em tarefas cotidianas, como calcular a quantidade de tecido necessária para fazer uma roupa, determinar o custo de um produto por quilo ou calcular a duração de um evento. Por exemplo, comparar volumes de líquidos: com diferentes recipientes de medidas, os alunos podem comparar e ordenar o volume de líquidos, como água, suco ou leite, desenvolvendo uma compreensão das unidades de medida de volume, como litros e mililitros.

Álgebra

A álgebra é uma área da Matemática que utiliza símbolos e letras para representar quantidades desconhecidas, conhecidas como variáveis. O estudo da álgebra inclui a resolução de equações, inequações e sistemas de equações, bem como a análise de padrões e a representação gráfica de funções. Essas habilidades são amplamente utilizadas em Ciências, Economia, Engenharia e outras áreas para modelar e resolver problemas. Por exemplo: representar padrões numéricos. Os alunos podem identificar padrões em sequências numéricas, como 2, 4, 6, 8, e expressá-los em uma tabela ou em uma representação gráfica.

Estatística e Probabilidade

A estatística envolve a coleta, organização e interpretação de dados para obter informações significativas. Ela permite a compreensão de tendências, a análise de resultados de pesquisas e a tomada de decisões informadas com base em dados. A probabilidade, por sua vez, lida com a chance de eventos ocorrerem e é aplicada em situações de incerteza, como em jogos, previsões climáticas e análise de riscos. Exemplos:

- Coletar dados sobre a preferência de frutas: os alunos podem fazer uma pesquisa na sala de aula para coletar dados sobre as frutas preferidas dos colegas. Em seguida, eles podem organizar as respostas em um gráfico de barras para visualizar as preferências.

- Lançamento de dados: os alunos podem simular o lançamento de um dado e registrar os resultados. Em seguida, eles podem calcular as probabilidades de ocorrência de cada número e discutir os conceitos de probabilidade.

A BNCC (2017) fundamenta-se na ideia de que a aprendizagem em Matemática está intrinsecamente ligada à compreensão dos conceitos, ou seja, à apreensão dos significados dos objetos matemáticos, sem deixar de considerar suas aplicações práticas. Os significados desses objetos emergem das conexões que os alunos estabelecem entre eles e outros componentes do conhecimento, entre eles e o mundo ao seu redor, bem como entre os diferentes tópicos matemáticos. Nesse sentido, recursos didáticos como malhas quadriculadas, ábacos, jogos, livros, vídeos, calculadoras, planilhas eletrônicas e softwares de geometria dinâmica desempenham um papel essencial para a compreensão e utilização das noções matemáticas. No entanto, é fundamental que esses materiais estejam integrados a situações que estimulem a reflexão e a sistematização do conhecimento, a fim de iniciar um processo de formalização dos conceitos matemáticos.

SUGESTÃO DE LIVROS

A busca por uma educação matemática de qualidade tem sido um dos desafios constantes enfrentados por educadores ao redor do mundo. O ensino da Matemática, em especial nos anos iniciais, é uma etapa fundamental para o desenvolvimento das habilidades numéricas e a construção da base sólida necessária para o sucesso acadêmico e na vida cotidiana.

A Matemática é uma disciplina essencial para a compreensão do mundo em que vivemos, permeando diversas situações do dia a dia, desde a resolução de problemas cotidianos até o uso de tecnologias complexas. No entanto, a maneira como essa disciplina é abordada e ensinada pode influenciar diretamente o interesse e a capacidade dos alunos em lidar com os conceitos matemáticos.

Nesse contexto, a introdução da numeracia e da alfabetização matemática desde os primeiros anos de vida das crianças é de suma importância para que elas desenvolvam o pensamento lógico, a capacidade de raciocínio, a resolução de problemas e a habilidade de tomar decisões informadas ao longo de suas jornadas educacionais e profissionais.

É na infância que a criança começa a construir suas primeiras noções matemáticas, percebendo padrões, quantidades e relações numéricas em seu entorno. Aprendendo por meio de jogos, atividades lúdicas e experiências significativas, os pequenos adquirem habilidades matemáticas de forma natural e intuitiva, criando uma base sólida para a aprendizagem futura.

Os educadores, por sua vez, desempenham um papel crucial na promoção da numeracia e da alfabetização matemática em suas salas de aula. Ao adotar abordagens pedagógicas eficazes, estratégias inovadoras e recursos didáticos adequados, eles podem instigar a curiosidade dos alunos, estimular o pensamento crítico e criar um ambiente propício para a exploração e o aprendizado da Matemática.

Este livro tem como objetivo ser um guia abrangente para educadores interessados em desenvolver as habilidades numéricas e a alfabetização matemática de seus alunos nos anos iniciais. Nele, foram abordados conceitos fundamentais, teorias de ensino, estratégias práticas e atividades que podem enriquecer o processo de ensino-aprendizagem da Matemática.

A partir da disseminação de conhecimentos atualizados e práticas pedagógicas eficazes, esperamos capacitar os educadores a promoverem uma educação matemática de qualidade, capaz de despertar o interesse e o entusiasmo dos alunos pela Matemática, contribuindo para o desenvolvimento pleno de suas habilidades cognitivas e preparando-os para enfrentar os desafios da vida acadêmica e cotidiana de forma confiante e bem-sucedida.

Aqui estão algumas sugestões de livros que podem ajudar educadores a desenvolverem-se melhor em relação à numeracia e ao ensino da Matemática:

1. *O Ensino de Matemática na Educação Básica: fundamentos e práticas*. Autores: Nilson José Machado, Antonio Vicente Marafioti Garnica e Humberto Luis Gomes Resumo. Este livro aborda os fundamentos do ensino de matemática na educação básica, oferecendo insights sobre práticas pedagógicas eficazes e estratégias para desenvolver a numeracia dos alunos. Os autores apresentam uma visão crítica e reflexiva sobre o ensino da Matemática, destacando a importância de promover uma aprendizagem significativa e contextualizada.

2. *Didática da Matemática: reflexões psicopedagógicas*. Autor: Eduardo Moura Santos Resumo. Neste livro, o autor explora as principais abordagens da didática da matemática e sua relação com a psicopedagogia. Ele oferece insights sobre como tornar o ensino da Matemática mais atrativo e eficaz, levando em consideração as características cognitivas e emocionais dos alunos.

3. *Matemática: ensino e pesquisa.* Autora: Márcia Cristina de Costa Trindade Cyrino Resumo. Este livro apresenta um panorama da pesquisa em educação matemática, discutindo diferentes abordagens e metodologias utilizadas no ensino da Matemática. A obra aborda temas como formação de professores, resolução de problemas e a importância de desenvolver o pensamento matemático dos alunos.

4. *Aprendizagem Significativa em Matemática: fundamentos e possibilidades.* Autor: Régis Henrique dos Reis Silva Resumo. Neste livro, o autor explora o conceito de aprendizagem significativa em Matemática e como promover essa abordagem nas práticas educativas. Ele discute estratégias para tornar o ensino da Matemática mais relevante e significativo para os alunos, levando em consideração suas vivências e experiências.

5. *Práticas de Ensino de Matemática nos Anos Iniciais do Ensino Fundamental.* Autora: Patrícia Sandalo Pereira Resumo. Este livro oferece orientações práticas para o ensino de Matemática nos anos iniciais do ensino fundamental. A autora apresenta estratégias de ensino, recursos didáticos e atividades que podem ser utilizadas para desenvolver a numeracia dos alunos de forma lúdica e significativa.

6. *Jogos Matemáticos no Ensino Fundamental: aprendendo com diversão.* Autor: Edgar Braga Resumo. Neste livro, o autor apresenta uma coletânea de jogos matemáticos que podem ser utilizados no ensino fundamental para desenvolver habilidades numéricas, raciocínio lógico e resolução de problemas. Os jogos são uma forma lúdica e motivadora de ensinar matemática e tornar o aprendizado mais prazeroso para os alunos.

REFERÊNCIAS

ARAÚJO, E. S. *Alfabetização Matemática*: ideias e propostas para a educação infantil. Rio de Janeiro: Wak Editora. 2018

AMERICAN Psychiatric Association. *DSM-IV-TR*: Manual diagnóstico e estatístico de transtornos mentais. 4. ed. Texto revisado. Porto Alegre: Artmed, 2002.

BAROODY, A. J. (1987). Children's mathematical thinking: A developmental framework for preschool, primary, and special education teachers. *Enciclopédia sobre o Desenvolvimento na Primeira Infância* [on-line]. New York, NY, US: Teachers College Press, jul. 2010. Disponível em: https://www. enciclopedia-crianca.com/operacoes-com-numeros/segundo-especialistas/ promover-o-ensino-precoce-das-operacoes-numericas-nas. Acesso em: 10 ago. 2023.

BISANZ, J. *Operações Com Número*. Canadá: University of Alberta, 2013. Disponível em: https://www.enciclopedia-crianca.com/pdf/complet/ operacoes-com-numeros. Acesso em: 20 jul. 2023.

BRASIL. Ministério da Educação. *Base Nacional Comum Curricular*: educação é a base. Brasília: SEB, 2018.

BRASIL. Ministério da Educação. *Compromisso Nacional Criança Alfabetizada*. Brasília: SEB, 2023.

BRASIL. Ministério da Educação. *PNA*: Política Nacional de Alfabetização. Brasília: Sealf, 2019.

BRASIL. Ministério da Educação. *Relatório Nacional de Alfabetização Baseada em Evidências (Renabe)*. Brasília: Sealf, 2020.

BRASIL, Ministério da Educação. *Pacto Nacional pela Alfabetização na Idade Certa*. Brasília: MEC, SEB, 2014.

D'AMBROSIO, B. S. Como ensinar matemática hoje. *Temas e debates*, v. 2, n. 2, p. 15-19. Brasília, SBEM, 1989

DANTE, L. R. *Formulação e resolução de problemas de matemática*. 1. ed. São Paulo: Ática, 2010

FIORENTINI, D.; LORENZATO, S. *Investigação em educação Matemática percurso teóricos e metodológicos*. 2. ed. Campinas: Autores Associados, 2007. Coleção formação de professores.

FREITAS, J. L. M. de. *Alfabetização Matemática*: ideias e atividades para o ensino fundamental. Artmed. 2010

GAZIRE, E.; RODRIGUES, F. Reflexões sobre uso de material didático manipulável no ensino de matemática: da ação experimental à reflexão. *Revemat: R. Eletr. de Edu. Matem*, Florianópolis, 2012, v. 7, n. 2, p. 187-196. Disponível em: https://periodicos.ufsc.br/index.php/revemat/article/view/1981-1322.2012v7n2p187. Acesso em 12 ago. 2023.

GAZZONI, A.; OST, A. *A resolução de um problema*: soluções alternativas e variações na formulação. [*s. l.*], v. 28, n. 2. Vidya, 2008.

GRAVINA, M. A. *Alfabetização Matemática na Educação Infantil e Séries Iniciais*. [*s. l.*]: Vozes. 2015

MIYASCHITA, W. Y. *Sistemas de numeração*: como funcionam e como são estruturados os números binários. Bauru: Unesp, 2002

NUNES, T.; DORNELES, B. V. *Matemática na Educação Infantil*: ideias e propostas para a prática pedagógica. [*s. l.*]: Artmed. 2016

PIAGET, J. *Lógica e conhecimento científico*. v. 1. Porto: Livraria Civilização-Editora, 1980.

POLYA, G. *A arte de resolver problemas*: um novo aspecto do método matemático. Rio de Janeiro: Interciência, 2006.

PORTO DA SILVEIRA, J. F. *Três notações numéricas básicas*: número, numeral e algarismo. [*s. l. : s. n.*] 2001. Disponível em: http://www.mat.ufrgs.br/~portosil/passa7a.html. Acesso em: 12 ago. 2023.

THOMAZ, P. H. B.; MEGID, M. A. B. A. *Recursos didáticos no ensino da Matemática*: o jogo como estratégia de ensino e o programa ler e escrever. [*s. l.*]: Currículo sem Fronteiras, 2017. Disponível em: http://www.curriculosemfronteiras.org/vol17iss3articles/thomaz-megid.pdf. Acesso em: 24 jul. 2023.

VYGOTSKY, L. S. *A formação social da mente*: o desenvolvimento dos processos psicológicos superiores. 6. ed. Tradução de José Cipolla Neto. São Paulo: Martins Fontes, 1998.